Das Buch:
Perdita Durango ist eine gefährliche Frau mit einer blutigen Vergangenheit. Wer ihr zu nahe kommt, spielt mit dem Feuer. Ihr Geliebter Romeo Dolorosa, ebenso rücksichtslos und leidenschaftlich wie Perdita, lebt von Bankraub und Drogengeschäften und ist besessen von dem geheimnisvollen schamanischen »Santero«-Kult. Unterwegs an der mexikanischen Grenze kidnappen die beiden ein junges amerikanisches Paar, Estelle und Duane, um es in einer grausamen Zeremonie zu opfern. Doch die netten, naiven Collegestudenten entgehen diesem Schicksal. Statt dessen machen sich alle vier auf Weisung eines Mafia-Bosses mit einer Ladung Flöten auf den Weg nach Los Angeles – ein wilder, verrückter Trip durch die Hitze der Wüste...

Alex de la Iglesias Verfilmung von *Perdita Durango* mit Rosie Perez in der Titelrolle ist eine an Quentin Tarantino erinnernde schwarze Komödie, die Action, Erotik und Ironie glanzvoll verbindet.

Der Autor:
Barry Gifford, geboren 1946 in Chicago, hat neben Gedichten und Filmessays zahlreiche Romane geschrieben, von denen *Wild at Heart*, verfilmt von David Lynch, wohl der bekannteste sein dürfte. Für Lynch arbeitete er am Drehbuch zu *Lost Highway* mit. Im Heyne Taschenbuch erschien die Romantrilogie *Gleißendes Licht/Steh auf und geh/Baby Cat-Face* (01/10316).

BARRY GIFFORD

PERDITA DURANGO

Roman

Aus dem Amerikanischen
von
EVELIN SUDAKOWA

Deutsche Erstausgabe

WILHELM HEYNE VERLAG
MÜNCHEN

HEYNE ALLGEMEINE REIHE
Nr. 01/20032

Die Originalausgabe
PERDITA DURANGO
erschien zuerst 1992 bei Vintage Books unter dem Titel
›59° und Regen: Die Geschichte von Perdita Durango‹
in *Sailor's Holiday*. Ursprünglich war sie in etwas anderer Form
bei Random House, Inc., New York 1991 erschienen.

Vielen Dank an Hill und Wang, eine Abteilung von Farrar,
Straus und Giroux, Inc., für die Abdruckgenehmigung
eines Auszugs aus *Empire of Signs* von Roland Barthes.

Besuchen Sie uns im Internet:
http://www.heyne.de

Umwelthinweis:
Das Buch wurde auf chlor- und säurefreiem
Papier gedruckt.

Redaktion: Bernhard Matt

Copyright © 1991, 1992 by Barry Gifford
Copyright © 1998 der deutschen Ausgabe
by Wilhelm Heyne Verlag GmbH & Co. KG, München
Printed in Germany 1998
Umschlagillustration: Advanced Film
Umschlaggestaltung: Atelier Ingrid Schütz, München
Satz: Schaber Satz- und Datentechnik, Wels
Druck und Bindung: Presse-Druck, Augsburg

ISBN: 3-453-15303-0

GEWIDMET
DEM ANDENKEN
AN LARRY LEE

1942–1990

»Freude, die entschwindet, entschwindet
für immer ...
Andere Freuden kommen, die doch
nichts ersetzen.«

Roland Barthes

Perdita begegnete Manny Flynn im San Antonio Flughafenrestaurant. Er schlang gierig eine Portion Hühner-Fajitas in sich hinein, und sie saß

OHNE UMSCHWEIFE

am Nebentisch, hatte vor sich ein leeres Glas und rauchte eine Zigarette.

»Möchten Sie noch 'n Drink?« fragte Manny.

Perdita musterte ihn kurz. Fett aber gepflegt. Er wischte mit einer Serviette über seine lavendelblauen Lippen. Eine Kellnerin kam herbei.

»He, Schätzchen, für mich noch 'n Bud und für das Mädchen, was immer es haben will.«

»Wünschte, jemand würde mir so 'n Angebot machen«, bemerkte die Kellnerin. »Was darf's sein, Herzchen?«

Perdita zog tief an ihrer Marlboro, blies den Rauch aus und zerquetschte die Zigarette im Aschenbecher.

»Coke«, sagte sie.

»Light?«

»Bloß nicht.«

Die Kellnerin musterte Perdita einen Moment scharf und schrieb die Bestellung dann auf Mannys Rechnung.

»Ein Bud, ein Coke«, sagte sie und eilte davon.

Manny schob sich mit der Gabel den letzten Bissen Fajita in den Mund, wischte sich abermals mit der Serviette ab, stand auf und ließ sich an Perditas Tisch nieder.

»Leben Sie in San Antone?« fragte er.

»Eigentlich nicht.«

»Jedenfalls haben Sie tolle schwarze Haare. He, ich kann mich fast darin spiegeln.«

Perdita zog aus der Zigarettenpackung, die vor ihr auf dem Tisch lag, eine neue Marlboro und zündete sie mit einem pink und schwarz gestreiften Bic an.

»Fahren Sie ab, oder warten Sie auf einen?«

»Einen was?«

»Einen Flieger. Fliegen Sie irgendwohin?«

»Mein Flug wurde storniert.«

»Wohin wollen Sie jetzt?«

»Nirgendwohin. Und Sie?«

»Phoenix. Viertägige Computer-Tagung. Bin Verkäufer für Software. Ach, übrigens, mein Name ist Manny Flynn. Halb jüdisch, halb irisch. Und wie heißen Sie?«

Die Kellnerin brachte die Getränke, stellte sie rasch, ohne Perdita anzublicken, auf dem Tisch ab und ging wieder.

»Perdita Durango. Halb Tex, halb Mex.«

Manny lachte, ergriff sein Bier und trank es direkt aus der Flasche.

»Hübscher Name für 'ne hübsche Miss. Miss ist doch richtig, oder?«

Perdita sah Manny fest in die Augen und sagte: »Soll ich Sie nach Phoenix begleiten? Sie bezahlen meinen Flug, kommen für meine Verpflegung auf und bringen mich wieder zurück. Und ich sorge dafür, daß Ihr Schwanz vier Tage lang hart bleibt. Während Sie auf der Tagung sind, kann ich außerdem anschaffen gehen. Im Hotel gibt's doch jede Menge Kerle, stimmt's? Fünfzig Piepen pro Typ fürs Titten zeigen und einen runterholen. Schnell und sauber. Für Sie springen fünfundzwanzig pro Freier heraus. Was halten Sie davon?«

10

Manny stellte die Flasche auf den Tisch zurück, hob sie dann abermals an den Mund und nahm einen tiefen Schluck. Perdita wandte sich ab und paffte an ihrer Zigarette.

»Ich muß los«, sagte Manny. Er warf ein paar Geldscheine auf den Tisch. »Das wird für Ihre und meine Rechnung reichen.«

Er stand auf, nahm einen Aktenkoffer und ging. Die Kellnerin kam an den Tisch.

»Ich muß kassieren. Schichtwechsel«, sagte sie zu Perdita. »Wollen Sie noch was bestellen oder war's das?«

Perdita betrachtete sie. Die Kellnerin war um die Fünfundvierzig, groß und dünn, mit schlechten Zähnen und rotgefärbten Haaren, die mit Haarspray steif nach oben gekämmt waren, so daß sie einer Fischflosse ähnelten. Am Mittelfinger ihrer rechten Hand trug sie einen Ring, eine schwarze Kamee mit einem elfenbeinernen Skorpion. Perdita fragte sich, wie wohl ihre Tattoos aussehen mochten.

»Für mich nichts mehr«, sagte Perdita.

Die Kellnerin raffte Mannys Scheine zusammen. Perdita deutete mit dem Kopf darauf.

»Der Herr sagte, Sie können das Wechselgeld behalten.«

»Besten Dank«, erwiderte die Kellnerin.

Perdita saß da und rauchte ihre Marlboro, bis sie fast bis auf den Filter heruntergebrannt war.

»Dämlicher Schwanzlutscher«, murmelte sie und warf den Stumpen in die Colaflasche.

»Mummy sagt, er hat soviel Geld, daß er gar nicht weiß, was er damit anfangen soll.«

»Wieso arbeitet er dann noch? Er arbeitet doch noch, oder?«

SCHWESTERN

»Ach, er ist einfach wahnsinnig geizig, das ist der Grund. Mummy sagt, er muß arbeiten, um irgend etwas zu tun zu haben. Das ergibt überhaupt keinen Sinn. Jedenfalls nicht für mich. Ich meine, er hat alle möglichen Wertpapiere und dieses Zeug, jede Menge Grundbesitz im ganzen Land. Er ist so ordinär, daß ich es nicht ertragen kann, und Mummy genausowenig.«

»Und warum geht sie dann mit ihm aus?«

»Na ja, bis sie einen Mann gefunden hat, den sie wirklich mag, ist er wohl besser als gar keiner. Gut möglich, daß er ein Gehänge wie ein australisches Krokodil hat. Mummy hatte nämlich schon immer eine Schwäche für dicke Schwänze. Das hat sie mir selbst erzählt.«

»*Das* hat sie dir erzählt? Meine Mutter hat immer so getan, als würde der Storch die Babies bringen.«

»Und durch den Kamin geradewegs in die Wiege fallen lassen?«

»Ja, so ungefähr.«

Beide Mädchen kicherten.

»Sie hat mit mir nie über Sex geredet. Einmal habe ich sie gefragt, ob es in ihrer Jugendzeit

Tampons gegeben habe, und sie sagte nur: ›Wenn die Zeit kommt, junge Dame, werden wir all diese Dinge besprechen.‹ Und bald darauf habe ich doch meine Periode bekommen, im März, weißt du noch? In der Woche vor meinem Geburtstag?«

»Ja, ich erinnere mich.«

»Sie gab mir eine Packung Kotex-Monatsbinden und eine Dose Mösenspray und meinte: ›Im zweiten Regal deines Badezimmerschränkchens liegt noch mehr davon.‹«

»Dann hat sie also nie mit dir darüber gesprochen?«

»Wo denkst du hin? Meine Mutter würde tot umfallen, wenn sie nur die Hälfte von dem wüßte, was ich getan habe.«

»Meine vermutlich auch, obwohl sie selbst so ein Luder ist.«

»Komm, gehen wir. Ich möchte mir zu dem Cowgirl-Rock, den mir Kirsten gegeben hat, ein Paar Stiefel kaufen.«

»Klingt gut. Sag mal, hast du deine Kreditkarten mit? Mummy hat mir meine für einen Monat weggenommen, und vielleicht sehe ich ja etwas, was mir gefällt.«

»Klar, kein Problem.«

Perdita beobachtete, wie die beiden Mädchen aus dem Café gingen. Sie waren nicht älter als zwölf Jahre. Beide hatten lange blonde Haare und trugen kurze schwarze Röcke, teuer aussehende Blusen und goldene Kreolen. Perdita verspürte eine jähe Lust, den beiden Mädchen mit dem Messer in den Rücken und die Brust und den Hals zu stechen, immer wieder und wieder. Sie malte sich aus, wie das Blut dunkel aus ihnen herausströmte und über ihre glatten goldenen Beine liefe. Genauso plötzlich, wie diese Vorstellung gekommen war, ging sie auch wieder, und Perdita vergaß die beiden.

Als Perdita am selben Abend über die Tres Sueños fuhr,

13

sah sie zwei kleine Mädchen, acht oder neun Jahre alt, die auf der heruntergelassenen Laderampe eines Pick-ups saßen und ein struppiges braunes Hundebaby streichelten. Eines der kleinen Mädchen hatte lange dunkle Haare, die an der Stirn zu einem Pony geschnitten waren; das Mädchen erinnerte Perdita an sie selbst, als sie in diesem Alter gewesen war. Der Anblick machte sie traurig, denn er gemahnte sie auch an ihre Zwillingsschwester, Juana, die tot war. Juana war von ihrem betrunkenen Ehemann, Tony, bei einer Auseinandersetzung erschossen worden. Anschließend hatte Tony seine und Juanas beiden Töchter ermordet, ehe er sich dann selbst den Waffenlauf in den Mund geschoben und sich die Schädeldecke weggepustet hatte. Perdita vermißte Juana und ihre beiden Nichten, Consuelo und Cocha. Und das würde wohl ihr Leben lang so bleiben. Auf Tony hätte sie hingegen immer verzichten können.

Als Perdita Romeo Dolorosa das erste Mal sah, fand sie ihn sehr häßlich. Er trank einen Papaya-Milkshake vor einem Obststand in der Maga-

RUHM DER
WISSENSCHAFT

zine Street in New Orleans. Sie bestellte für sich einen großen Orangensaft, vermied es aber, zu ihm hinzublicken und starrte statt dessen auf ein Schuh-Center auf der gegenüberliegenden Straßenseite. Als sie sich umdrehte, um zu zahlen, sagte der Obststand-Betreiber, ein gebeugter dunkelgrauer Mann unbestimmbaren Alters und Rasse: »Das hat dieser Herr hier bereits erledigt, Schätzchen.«

»Heute ist Ihr Glückstag, Señorita«, sagte Romeo. »Und vielleicht auch meiner.«

»Was soll das heißen?« fragte Perdita. »Ich brauche keinen neuen Freund.«

Romeo lachte. »Ach, aber jetzt haben Sie einen«, erwiderte er und lachte abermals. »Was für ein reizendes Benehmen Sie haben, Señorita Giftnatter. Sind Sie die Tochter von Lupe Velez? Mein Name ist Romeo Dolorosa.«

Perdita betrachtete Romeo etwas genauer. Mit seinen langen, gewellten schwarzen Haaren, der dunkelbraunen Haut und den blauen Augen war er eigentlich recht attraktiv, stellte sie fest; nicht ganz einsachtzig groß, dafür aber kräftig gebaut. Sein kurzärmeliges rotblaues Hawaii-

Hemd ließ herrliche, sehr muskulöse Arme erkennen, die sich geschmeidig nach unten hin verjüngten. Es war merkwürdig, überlegte Perdita, daß ihr erster Eindruck von ihm so wenig schmeichelhaft gewesen war. Sie fragte sich, was sie in Romeo gesehen haben könnte, das ihre Wahrnehmung derart beeinflußt hatte.

»Ich verstehe nicht, wovon Sie da reden«, sagte sie. »Danke für den Orangensaft. Mein Name ist Perdita Durango. Wer ist Lupe Velez?«

»Das ist schon besser. Viel besser. Also, Lupe Velez war eine Schauspielerin, ein mexikanischer Filmstar vor etwa sechzig Jahren. Sie war für ihr feuriges Temperament berühmt.«

»Und warum sollte ich Sie an diese Dame erinnern? Sie kennen mich doch gar nicht.«

»Ich versuche nur, mit Ihnen ins Gespräch zu kommen. Entschuldigen Sie bitte mein dreistes Benehmen. Leben Sie in New Orleans, Perdita?«

»Ich bin erst heute nachmittag angekommen. Ich sehe mich hier gerade um.«

Romeo nickte und grinste breit. Er hatte sehr kräftige weiße Zähne.

»Erlauben Sie mir, Sie zum Dinner einzuladen?« fragte er. »Es wäre mir ein Vergnügen, Ihnen die Stadt zu zeigen.«

Während Perdita durch einen Strohhalm ihren Orangensaft trank, blickte sie mit ihren riesigen schwarzen Augen zu Romeo auf, lächelte und nickte langsam.

»Allmählich kommen wir voran«, bemerkte er.

Als sie am selben Abend im Mosca's saßen, fragte Romeo Perdita, ob sie wüßte, was ein ›wiedererweckter Mensch‹ sei. Sie schüttelte verneinend den Kopf.

»Vor hundert und mehr Jahren«, sagte Romeo, »heuerten Ärzte in medizinischen Lehranstalten Männer dafür an, daß sie Gräber aufbrachen, vor allem auf Nigger-Friedhöfen, und ihnen die Leichen brachten, damit die Studenten sie sezieren konnten. Die Ärzte legten die Leichen in Whisky ein, um sie zu konservieren. Erst zu Beginn des zwanzigsten Jahrhunderts wurde dann das Sezieren menschlicher Leichen legal.«

»Warum erzählen Sie mir das?« fragte Perdita, während sie das Salat-Dressing von ihrer Gabel leckte.

Romeo grinste. »Wissenschaft ist alles«, sagte er. »Jedenfalls die wichtigste Sache, die es gibt. Um neue Entdeckungen zu machen, ist es oftmals notwendig, sich gegen die allgemein verbreitete Meinung zu stellen. Ich denke über Dinge auf diese Weise nach, wissenschaftlich eben. Es gibt nichts, was ich für die Wissenschaft nicht tun würde.«

»Und was ist mit diesen Leuten, die die Jungfrau Maria in Tickfaw gesehen haben?« fragte Perdita. »Und diese Frau in Lubbock, die das Foto von St. Petrus vor den Himmelstoren geknipst hat? Wie geht die Wissenschaft damit um?«

»Sie braucht Forschungsmittel«, erwiderte Romeo. »Wie jene eintausendneunhundertfünfundzwanzig Dollar, die heute morgen irgendein Sponsor ohne Erlaubnis von der First National Bank der St. Bernard's Gemeinde in der Friscoville Street in Arabi eingezogen hat. Die Wissenschaft braucht Geld, sonst fruchten die besten Ideen nichts.«

»Erzählen Sie mir gerade, daß Sie ein Grabschänder oder ein Bankräuber sind? Ich blicke nicht ganz durch.«

Romeo lachte und stieß seine Gabel in den gefüllten Wels.

»Wissenschaftler müssen auch essen«, sagte er.

»Ich kannte mal einen Typen namens Bobby Peru«, sagte Perdita. »Du weißt schon, Peru wie das Land. Ich hielt ihn für einen üblen Kerl, und irgendwie war er das auch. Wäre für uns 'ne echte Hilfe gewesen, aber er hat sich umbringen lassen.«

GUT LEBEN

»Weißt du, was mich tröstet?« fragte Romeo.

Perdita lachte. »Klar, weiß ich das.«

»Das auch«, sagte Romeo. »Nein, ich lese gern die Wetterberichte in der Zeitung. Die für andere Orte, an denen ich nicht bin. ›Minus fünfundzwanzig mit Schneeschauern in Kankakee.‹ ›Plus fünfzehn und Regen in Tupelo.‹ Da ist nie ein Fehler drin. Beruhigt mich irgendwie.«

Perdita Durango und Romeo Dolorosa saßen einander gegenüber in einer mit rauchgrauem warmen Wasser gefüllten Badewanne im Del Rio Ramada. Romeo nuckelte an einer H. Upmann New Yorker und schnippte die Asche ins Badewasser.

»Wär mir lieber, du würdest das nicht tun«, sagte Perdita.

Romeo lachte. »Warum nicht? Hält doch die bösen Geister fern, oder?« Er lachte erneut und zeigte dabei sein perfektes Burt-Lancaster-Gebiß.

»Was meinst du, wie lange diese Kerle auf diesen Voodoo-Scheiß noch hereinfallen, Romeo? Die sind nicht völlig bescheuert.«

»Wie kommst du denn da drauf? Wäre gut möglich, daß die so dumm sind. Abgesehen davon, ist es auch gar kein Voodoo. *Santería, chiquita.* Das ist Hokuspokus auf lateinamerikanische Art. Aber du hast recht, wir müssen etwas tun, was sie wirklich aufrüttelt.«

»Ich wüßte da was«, sagte Perdita.

»Ach ja?«

Perdita nickte, und ihre schmalen schwarzen Augenbrauen kringelten sich wie Kobras zusammen.

»Jemanden umbringen und aufessen.«

»Wie Kannibalen meinst du?«

»Genau«, erwiderte sie. »Nichts ist grausiger als so etwas. Es wird ihnen im Gedächtnis klebenbleiben.«

Romeo lachte und paffte an seiner Zigarre.

»Darauf kannst du wetten«, sagte er. »Und es wird ihnen auch als Fett auf ihren Rippen klebenbleiben.«

Perdita lächelte und kitzelte unter Wasser Romeos Penis mit dem großen Zeh ihres rechten Fußes. Die Kobras auf ihrer Stirn streckten sich der Länge nach aus wie Reptilien auf einem sonnenbeschienenen Fels.

»Du verstehst es, einen Mann sowohl geistig als auch körperlich zu unterstützen, *mi corazón.* Genau das mag ich an dir. So läßt sich's gut leben, okay.«

»Laß es uns morgen tun«, sagte Perdita.

Um halb vier Uhr morgens wurde Romeo wach
und zündete die Zigarrenhälfte an, die er im
Aschenbecher auf dem Tisch neben dem Bett

NACHTGEDANKEN

liegengelassen hatte. Der
Rauch weckte Perdita auf.

»Was ist los, Schatz?« fragte sie. »Kannst du
nicht schlafen?«

»Muß nachdenken.«

»Über irgendwas Bestimmtes?«

Perdita hielt ihre Augen geschlossen; ihr langes schwarzes Haar war über ihr Gesicht ge-
breitet.

»Hab' mal gelesen, daß kurz vor Ende des
Sezessionskrieges rebellierende Soldaten den
Schatz der Konföderation vergraben haben, und
zwar im Umkreis von hundert Schritten entlang
der Eisenbahnschienen zwischen McLeansville
und Burlington, North Carolina.«

»Wie kommt's, daß ihn noch niemand ausgebuddelt hat?«

»Gute Frage. Der Schatz besteht aus Goldmünzen, die in eisernen Kochtöpfen aufbewahrt
wurden. Irgendein Farmer hat einen der Pötte
gefunden, aber dort in der Erde sollen noch
Goldmünzen im Wert von etwa fünfzig Millionen Dollar versteckt sein. Lohnt sich also, darüber mal nachzudenken.«

»Vielleicht für später, wenn wir hier fertig
sind.«

Perdita schlief wieder ein. Romeo paffte weiter an seiner Upmann und stellte sich dabei vor, wie er eine ihm ergebene Jüngerschar beaufsichtigte, die entlang einer neben einer Tabakplantage verlaufenden Eisenbahnlinie Töpfe mit Gold ausgrub. Anschließend könnten die Jünger erschossen und in den Erdlöchern begraben werden. Ja, überlegte er, das wäre durchaus machbar.

Perdita erwachte und drehte das Radio an. Mit geschlossenen Augen blieb sie im Bett liegen und lauschte den Nachrichten. – »Aus China traf

EIN NEUER

MORGEN

heute die Meldung ein«, sagte der Sprecher, »daß siebzehn Strafgefangene zum Tode verurteilt und vor einer Menge von dreißigtausend Menschen in einem Stadion in der südchinesischen Stadt Guangzhou hingerichtet wurden. Laut einem Bericht in der *Legal Daily* wurden die öffentlichen Verhandlungen und Hinrichtungen durchgeführt, ›um es der Masse zu ermöglichen, ein sicheres Chinesisches Neujahr zu feiern.‹ Na, Leute, wäre das nicht eine Anregung für die Justiz der Südstaaten?«

Perdita schaltete ab. Sie blickte zu Romeo hinüber, der noch immer schlief. Sein Mund stand offen, und die langen schwarzen Haare seines Schnauzbartes, der kraftlos zu beiden Seiten seiner Oberlippe herabhing, flatterten im Takt seines Schnarchens. Romeo könnte ebensogut chinesisches Blut in sich haben, überlegte Perdita. Seine schlaffen Barthaare waren für einen Mexikaner völlig untypisch. Oder vielmehr für einen Spanier, berichtigte sie sich. Romeo bestand darauf, sich als Spanier zu bezeichnen, und zwar *ohne* arschkriecherisches Indioblut in den Adern. Perdita kicherte leise. Ganz gleichgültig, was Romeo auch behaupten mochte, wie ein Europäer sah er jedenfalls nicht aus. Manchmal redete er sogar wie ein Chinese, quasselte so schnell, daß man ihm nicht mehr folgen konnte.

Heute wollten sie zur Ranch zurückfahren, und das war gut so. Sie mußte einen neuen Opferaltar errichten. Dieser würde etwas Besonderes werden, wirklich ganz speziell. Anders als die Altäre für Hühner und Ziegen oder Hunde. Romeo war ein guter Organisator, er wußte, wie man das Dope über die Grenze schmuggelte und wie man daraus Geld machte. Lächelnd dachte Perdita an das eine Mal, als Romeo selbst versucht hatte, Marihuana zu rauchen. Ihm war schwindlig geworden und er hatte sich hinlegen müssen, bis sein Kopf wieder klar geworden war. Um nichts in der Welt würde er das Zeug noch einmal anrühren. Irgendwie war das auch cooler, überlegte sie weiter. Wenn man Geschäfte machen wollte, war es besser, nicht auf Droge zu sein. Im Geiste machte sich Perdita eine Notiz, neue Kerzen zu kaufen; sie waren so gut wie aufgebraucht. Und auch etwas Äthylalkohol. Außerdem könnten sie einen neuen Vorschlaghammer gebrauchen.

Perdita steckte den Zeigefinger ihrer rechten Hand in Romeos Mund und drückt seine Zunge hinunter. Er schnappte nach Luft, hustete ein paarmal und setzte sich auf.

»Was?! Scheiße, was ist los?« keuchte er und räusperte sich ausgiebig.

»*Vamonos*«, sagte Perdita. »Wir haben heute eine Menge zu tun.«

Karibik, 2. 14. 1989

Hallo Romeo,
nur ein par zeiln damit sie wissn das ales in irem

BRIEF AUS DER

KARIBIK

haus in ordnung ist. Nun
sir Mr. Dolorosa hir in der
karibik erzelt man sich
das sie ir haus verkaufn
wolln. Die leute fragn mich stendig nach dem
preis aber ich kann inen nur ire telefonnummer
gebn damit sie sie anrufn und selbst mit inen dar-
über redn können. Ich hofe das sie in den nexsten
tagn zurük sint weil dann die leute entlich auf-
hörn soviel scheis zu quatschn. Mr. Romeo ich
hatte in den leztn tagn zimlich vil Pech mein bot
ist kaput gegangn ich konte nichmal zum fischn
rausfarn hir kann ich keine arbeit findn und mei-
stens ess ich nur eine malzeit am tag. Also hat
mich leztn monat die lady von Caribe Keys die
welche die fishce kauft mit irem bot losgeschikt
damit ich n bischen geld machn kan und die erste
woche drausn beim fischn gings auch gut aber es
kam kaum geld rein. Sie grigd die helfte vom geld
und die andre helfte mus ich mir mit einem an-
dern teiln. Versten sie die erstn vir tage habn wir
für 1500 karibische dollar verkaufd und seitdem
sind wir wegen der winde nicht mer rausgefarn
weil die winde seit fast zwei monatn 10 bis 20
knotn aus ostnordost und aus osten gekomen
warn so das ich nicht zum fischn raus konnte. In

den vergangnen wochn war ich etwas grank und bin zu einem amarikanischn doktor gegangen der gesagt hat das ich körperlich zimlich runter bin aber er hat mir irgendeine sterkende medizin gegebn und seit ein par tagn fül ich mich etwas besser. Dafür hatte Nelmy ne menge propleme mit iren kopfschmerzn. Nun gestern ging die schule für die kinder los aber Alix hat uns dabei ser unterstüzt und inen fast ales was sie brauchten gegebn. Kenny will sogar zu uns runterkomen damit ich ein par tage mit ihm arbeitn kan ich weis nur nicht was ich machn sol wen diser wind nicht aufhört weil ich doch mindestens eine woche bevor sie hirherkomen beim fischn drausn gewesn sein mus. Mr. Rome ich soll inen von Nelmy schöne grüse ausrichtn sie hofd es get inen gut und besteld inen auch grüse an Perdi. Und sie sol ihr T-V nicht vergesn. Mr. Dolorosa sir ich weis es nicht sicher aber manche leute sagn das Rocky James zu zwanzig jaren knast verurteilt wurde und wen Reggie San Pedro Sula jemals in die Karibik zurükkeme würde er 15 jare grign. Zuerst sagten die leute das sie und Mr. San Pedro Sula in den knast gen müstn wen sie jemals aus den USA zurükkommen würdn aber Mr. Reggie war vor ungefer einer woche hir und er hate überhaubt keine propleme. Mr. romeo wen ich sie were würde ich mich von Reggie San Pedro Sula fernhalten bis sich ales wider nomalisird hat. Virgil Fredrex ist ein bischen draurig weil Woody Hall sein ganzes zeug aus dem zimer am hügl gereumd und in sein haus gebrachd hat das wer für heute ales Mr Romeo pasen sie gut auf sich auf grüse von meiner ganzn familie Nelmy Danito Chonge Nansy Branny und von meiner schwester und meinen brüdern und von mom & dad ir guter freunt

Danny Mestiza.

»Glaubst du, daß manche Leute zum Reisen geboren sind?« fragte Romeo. »Oder denkst du, es überkommt einen einfach irgendwie?«

REISEPLÄNE

»Du meinst, ob man das Reisen im Blut hat?«

»Ja, so ungefähr.«

Sie holperten in ihrem Cherokee über die Schotterstraße zwischen Zopilote und der Rancho Negrita Infante. Perdita war bester Stimmung; sie hatte alles, was sie benötigte, im Haushaltswarenladen in Del Rio gekauft. Normalerweise ging ihr Romeos Gebrabbel auf die Nerven, aber heute machte es ihr nichts aus, ihm zuzuhören und ihm die Aufmerksamkeit zu geben, die er brauchte, um seine Gedanken weiterzuspinnen.

»Als ich als kleiner Junge in der Karibik lebte«, sagte er, »ging meine Familie immer zum Hafen, wenn mein Onkel Roberto aufs Meer hinausfuhr. An das erste Mal, ich war damals sieben, kann ich mich noch ganz deutlich erinnern. Am Anlegeplatz war ein großes graues Schiff vertäut. Es hieß *Margerita Cansino*; der Name war in riesigen schwarzen Buchstaben auf das Schiff gemalt, und darunter stand der Name des Ursprungshafens, *Panama*. Wir waren gekommen, um Tio Roberto zu umarmen und ihm eine sichere Reise zu wünschen, und das tat ich natürlich auch. Aber ich war von der Größe des Schiffes und von der Vorstellung, daß es durch den

Golf und an den karibischen Inseln vorbei ins offene Meer hinausfahren würde, so beeindruckt, daß mich der Gedanke ans Reisen bis in meine Träume verfolgte. Von diesem Moment an wußte ich, daß ich irgendwann in die Ferne reisen würde, in die Welt jenseits der Karibik.«

Perdita, die am Steuer saß, tat ihr Bestes, um den Furchen und den Felsbrocken auf der Straße auszuweichen. Sie zündete sich mit dem Zigarettenanzünder eine Marlboro an.

»Aber du bist immer noch hier«, sagte sie, »nicht allzu weit von deiner Heimat entfernt.«

»Ich bin zurückgekommen, ist doch klar. Ist schließlich meine Heimat. Ich habe dir doch erzählt, daß ich in New York lebte, in Paris, in Los Angeles. Ich bin auch in Buenos Aires und Montevideo gewesen. In Caracas, Miami, La Paz. Eines Tages werde ich nach Ägypten reisen und nach China und nach Madagaskar, um diese sagenhaften Affen zu sehen. Ich bin schon siebenundzwanzig Jahre alt, aber ich habe noch genügend Zeit, mir die Welt anzusehen. Bald werden wir das nötige Geld haben, um zu reisen, wann und wohin immer wir wollen.«

»Es macht mich glücklich, in deine Reisepläne einbezogen zu sein«, sagte Perdita.

Romeo lachte. »Warum solltest du nicht? Du bist die Richtige für mich. Vier Jahre jünger, schön, klug, stark. Irgendwann werden wir Kinder haben.«

»Du wirst es mir doch sicher mitteilen, wenn dafür der geeignete Zeitpunkt gekommen ist.«

»Natürlich, *mi amor*. Du wirst nach mir die erste sein, die das erfährt.«

»*Bueno, jefe*. Und welche Pläne hast du sonst noch für uns?«

»Im Moment ist es nur wichtig, diese Sache hier über die Bühne zu kriegen.«

»Ich habe darüber nachgedacht, Romeo. Ich glaube, wir sollten uns jemanden von der Straße schnappen. Einen Angloamerikaner.«

Romeo blickte Perdita durch die braun getönten Gläser seiner Body-Glove-Brille hindurch an.

»Einen Anglo?« wiederholte er.

»Das würde am meisten Eindruck machen.«

Romeo drehte den Kopf zur Seite und starrte durch das heruntergekurbelte Fenster in die Wüste hinaus. Der heiße Fahrtwind, der durch die offenen Fenster des Jeeps drang, klebte ihm die schwarzen Haare an die Stirn.

»Kidnapping«, sagte er.

»Was?« fragte Perdita. »Ich hab' dich nicht verstanden.«

Romeo biß die Zähne zusammen und hielt sein Gesicht dem scharfen Wind entgegen. Eines steht fest, sagte er sich. Ein Leben mit dieser Frau wird ohne faule Kompromisse ablaufen.

Perdita brachte den Cherokee vor der Einfahrt zur Rancho Negrita Infante zum Stehen. Sie schaltete den Motor aus, stieg aus und ließ die Fahrertür offen. Wenige Meter vom Jeep entfernt kauerte sie sich hin, schob ihren Rock hoch und urinierte in den Sand. Romeo beobachtete Perdita vom Beifahrersitz aus und grinste.

LOKALKOLORIT

»Gefiel mir schon immer, daß du keine Höschen trägst«, sagte er, als Perdita wieder einstieg.

»Ist bequemer so«, erwiderte sie. »Früher hab' ich welche getragen, aber irgendwann hab' ich sie einfach weggelassen. Und jetzt besitze ich, soweit ich weiß, kein einziges mehr.«

Perdita startete den Jeep wieder und fuhr auf den Gebäudekomplex zu. Ihr gefiel diese Zufahrtsstraße mit dem Staub und der weißen Sonne. Es war wie auf einem anderen Planeten.

»Ich hab' dich nie gefragt«, sagte Perdita, »wie die Ranch zu ihrem Namen gekommen ist.«

»Die Geschichte ist die, daß irgend 'ne einheimische Frau von 'nem schwarzen amerikanischen Soldaten schwanger wurde, und als das Kind zur Welt kam, ein Mädchen, war es auch schwarz. Und so haben einige Dorfbewohner – sie werden *Los Zarrapastrosos,* die Zerlumpten, genannt – das Baby genommen, umgebracht

29

und den Leichnam irgendwo außerhalb in einem nicht gekennzeichneten Grab verscharrt.«

»Warum haben sie das getan?«

Romeo zuckte die Achseln. »Aus Scham, schätze ich. Erstaunlich, daß sie nicht auch die Mutter umgebracht und zusammen mit ihrem Kind begraben haben.«

Perdita wischte sich die Schweißperlen von der Oberlippe und strich sich die Haare aus den Augen.

»Jesus, ich hasse solche ignoranten Arsch-löcher«, sagte sie.

Es gab ein Haupthaus, eigentlich eher eine große Baracke, mit einer Grundfläche von ungefähr acht mal zehn Metern und aus Teer-

HÖHERE

BEWEGGRÜNDE

pappe und Holz erbaut. Die Fenster waren grob herausgehauene Quadrate, in die, je nach Bedarf, Holzplanken eingesetzt werden konnten, doch sie waren mit Brettern zugenagelt. Unter einem verrußten Rauchabzugsloch stand ein großer schwarzer Kessel, der ein gekochtes Schweinehirn, einen Schildkrötenpanzer, ein Hufeisen, die Wirbelsäule einer Ziege und getrocknetes Blut enthielt. Die Wände waren kahl, bis auf billige Reproduktionen Unsrer Frau von Guadelupe und Jesus Christus. Auf dem Boden neben dem primitiv gebauten Altar lag das *Buch der Rituale* der Kirche La Iglesia Lukumi Babalu-Aye.

»Laß die Tür offen, Schätzchen«, sagte Romeo zu Perdita, »damit der Gestank etwas herausziehen kann.«

»Wir müssen hier gründlich saubermachen, Romeo. Sag deinen Jungs, sie sollen mit ein paar Besen anrücken. Vor allem der Abfall muß weggebracht werden. Sie haben ihre leeren Flaschen und Dosen überall stehen lassen.«

»*Si*, Señorita. Ihr Wunsch ist mir Befehl.«

Lachend griff Romeo nach Perdita, zog sie an sich und küßte sie. Sie schob ihn weg und begann die Kerzen auszupacken.

»He, *santero,* jetzt laß uns aber erstmal arbeiten, okay?«

Romeo und Perdita übernahmen selbst den Hausputz, und anschließend transportierte Romeo den Abfall mit dem Jeep fort. Er warf ihn in einen Graben, den seine Männer etwa eine Meile vom Haus entfernt ausgeschaufelt hatten. Grauer Dreck wirbelte in der braunen Luft auf. Der Anblick erinnerte Romeo an jenen Tag im August, als er nach Ablauf seiner einjährigen Stationierung mit dem Marineinfanteriekorps im Libanon nach Tampa zurückgekehrt war. Maria-Jose, seine Großmutter, hatte ihn damals gefragt: »Durftet ihr auch den Garten Eden besichtigen?«

Adolfo Robles tauchte in seinem 1950er Dodge-Pickup auf und lehnte sich aus dem Fenster.

»Was steht an, Romeo?« fragte er. »Läuft später irgend 'ne Sache?«

Romeo zog ein schwarzes Taschentuch aus seiner hinteren Hosentasche und wischte sich den Schweiß und den Schmutz von Gesicht und Hals.

»Mm, was Größeres, Alfonso. Wir sehen uns gleich im Haus, okay?«

Adolfo nickte und grinste, legte einen Gang ein und fuhr langsam davon. Romeo stieß mit dem Fuß etwas Schmutz in den Graben. Er war einer der Glücklichen gewesen, die die Bombardierung der Marineunterkünfte in Beirut überlebt hatten. Mehr als zweihundert Männer waren im Schlaf umgekommen, Romeo hingegen war durch die laute Explosion kaum wach geworden. Als er nun schwitzend neben diesem Abfallgraben in Mexiko stand, war er mehr denn je davon überzeugt, daß er aus

32

einem höheren Grund verschont geblieben war. Er zog seinen Schwanz aus der Hose und pißte in den Graben. Nachdem er fertig war, blieb er noch eine Weile stehen, spielte an sich herum und betrachtete den aufsteigenden Dampf. Die Luft roch verbrannt.

»Die Insel der Kleinen Antillen, wo ich aufgewachsen bin«, erzählte Romeo, »ist ungefähr
eine Meile lang und drei Meilen breit. Damals

DIE HAND

gab es dort nur zwei
Autos, und natürlich stie-
ßen die beiden eines Tages zusammen.«

Adolfo lachte. »Aber wie konnte das passieren?« fragte er.

»Wie eben alles so passiert, Adolfo. Im
Grunde war es unmöglich, daß es *nicht* passiert.
Die Welt funktioniert nun mal nach diesen Ge-
setzen.«

Romeo und Adolfo saßen auf der untersten
Verandastufe und tranken Tecates. Perdita war
im Haus, um die Stühle und Kerzen aufzubauen.

»Gerade erst habe ich einen Brief aus der Karibik erhalten. Von meinem Cousin, Reggie, der
sich dort um den alten Familienbesitz kümmert.«

Romeo zog einen Briefumschlag aus der Ge-
säßtasche, öffnete ihn und zog ein Blatt Papier
heraus. »Hör zu«, sagte er.

*»Liber Cousin Romeo. Ich hoffe diser brief trifft
dich bei bester verfasung an. Ich hab mit deinem
anwalt gesprochen wiefil es kosten würde die
leute dazu zu bringen gegen die zwei männer auf
dem land vorzugehn und er sagte 3000 karibische Dollar er muss irre sein deshalb hab ich
dann meine freundin Teresa im Justitzministerium
angerufn. Sie ist eine enge mitarbeiterin vom*

boss. Teresa sagte das man nix tun kann also hab ich die sache selpst in die hand genommen und das problem ist gelöst. Ich kann dir nur sofil erzehlen das die haie einen festschmaus hatten. Gute Neuikkeiten also.

Das wetter wirt jezt hoffentlich besser wir haben nemlich schon die dritte woche schlechtes wetter. Romeo kannst du etwas geld für Rordraht schiken und für die drebank und für werkzeug und ein par kolben und für metalsteinschrauben. Ich will auch fersuchen eine entwesserungspumpe zu kaufen damit ich das sumpfland bearbeiten kann das an der nordlinie von Rockys gruntstük angrentzt. Meine tochter Halcyan were letzte woche beina in der lagune ertrunken aber es geht ihr wider gut. File grüse von uns allen hir und schik uns etwas okay?

Dein Cousin und Freunt Reggie.‹

Auf der Insel gibt es laufend Schwierigkeiten«, sagte Romeo, »genauso wie überall sonst. Dort herrscht nicht mehr Vernunft als hier. Man ist für alle Handlungen selbst verantwortlich. Die eigene Hand kontrollieren, Adolfo, vergiß das nie! Alles übrige ist unwichtig.«

Adolfo nickte und betrachtete seine linke Hand. Nach einigen Sekunden leerte er sein Tecate und schleuderte die Dose mit der Rechten so weit weg wie er konnte.

»Vor ein paar Jahren hatte ich in Tampa einen Freund«, erzählte Romeo Adolfo, als sie in dem Dodge Trucker in Richtung Grenze fuhren,

VERZWEIFLUNG

»Eddie Reyes, ein Kubaner aus Marianao. Er lebte eine Zeitlang mit meiner Familie zusammen, selbst dann noch, nachdem ich fortgegangen war. Ich habe keine Ahnung, wo er jetzt ist. Eddie war Cop gewesen, hatte aber den Polizeidienst quittiert, und als ich ihn kennenlernte, besuchte er gerade Abendkurse in Jura. Tagsüber arbeitete er in einer Fleischverpackungsfabrik.

Dieser Eddie hatte die Angewohnheit, sich mehrmals am Tag zu duschen; es waren sehr lange und gründliche Duschen, bei denen er sich mehrere Male von Kopf bis Fuß abschrubbte und Unmengen von Seife und Shampoo verbrauchte. Anschließend verwandte er eine ebenso lange Zeit darauf, sich abzutrocknen. Eddie hatte eine sehr starke Körperbehaarung und dichte schwarze Locken auf dem Kopf und selbstverständlich hatte er auch einen Bart. Es ist keinesfalls übertrieben, wenn ich behaupte, daß dieser Bade- und Trockenprozeß einen Großteil seiner Zeit beanspruchte.«

Alfonso, der am Steuer saß, schüttelte den Kopf und lachte.

»Hört sich an, als wäre er ziemlich verrückt gewesen«, sagte er.

»Ja, vermutlich war er ein wenig verrückt«, erwiderte Romeo, »aber ich kann dir auch erzählen, warum. Als Eddie noch Cop war, wurde er eines Nachts losgeschickt, weil gerade irgendwo ein Einbruch stattfand. Er ertappte einen Junkie auf frischer Tat, der mit der Waffe jedoch schneller war. Der Junkie zwang Eddie, sich auf den Rücken zu legen, und rammte ihm das gefährliche Ende einer .45er Automatic zwischen die Augen. Er sagte zu Eddie, er würde ihn töten, und drückte ab. Eddie schiß und pißte sich ein, doch die Waffe hatte eine Ladehemmung. Dann traf Verstärkung ein, und der Junkie geriet in Panik; er ließ die Fünfundvierziger auf Eddies Brust fallen und versuchte abzuhauen, doch die anderen Cops erwischten ihn.

Der Junkie kam nie in den Knast. Er gab den Cops ein paar Informationen, die sie wegen irgendeiner anderen Geschichte brauchten, und erhielt lediglich eine Anklage dafür, daß er eine Waffe an einem öffentlichen Ort abgefeuert hatte, was er mit einem strafmildernden Schuldbekenntnis einräumte. Und das, obwohl die Waffe nie losgegangen war! Er kam mit einer Bewährungsstrafe davon. Als Eddie davon hörte, quittierte er den Dienst und nahm diesen Job in der Fleischverpackungsfabrik an. Schließlich begann er dann mit den Jurakursen. Irgendwie hatte ich immer das Gefühl, daß Eddies ganze Wascherei mit dem Junkie zusammenhing, der ihn erschießen wollte. Er hatte wahrscheinlich immer noch das Bedürfnis, sich die Scheiße und Pisse abzuwaschen, und das machte ihn wohl etwas sonderbar.«

»Vielleicht wäre es besser gewesen, wenn die Kanone nicht blockiert hätte«, sagte Alfonso. »Es muß schwierig sein, mit einer derartigen Verzweiflung zu leben.«

Romeo starrte aus dem Fenster auf die vorbeiziehende Wüste hinaus. Außer der heißen, flirrenden Luft bewegte sich nichts.

»Mag sein«, erwiderte er, »aber es ist immer noch besser verzweifelt als tot zu sein.«

Perdita und Romeo beobachteten die draußen vorbeigehenden Leute. Sie saßen an einem Fenstertisch im South Texas Barbecue und tranken

TÄUBCHEN

Lone Star. Perditas Plan war es, einen geeigneten Kandidaten auszukundschaften, ihn zu verfolgen und auf irgendeine Art zur Rancho Negrita Infante zu locken.

»Was willst du zu ihm sagen, Kleines?« fragte Romeo. »Komm mit mir in die Kasbah?« Er lachte. »Wir beide sind nicht unbedingt Charles Boyer und Hedy Lamarr. Oder willst du ihm sagen: Ich erzähle dir alles, was du schon immer über Lukumi Babalu-Aye wissen wolltest? Und dich ihm als Python-Priesterin der *Palo Mayombé* vorstellen und ihm mitteilen, du wärst ihm wirklich sehr verbunden, wenn er Adolfo gestatten würde, ihm den Kopf mit der Machete abzuschlagen, damit wir seinen Körper ausbluten lassen und dann zerhacken und kochen und bei der nächsten großen Zombie-Party servieren können?«

Perdita paffte lustlos an ihrer Marlboro.

»Das beste ist, du zeigst mir deinen Wunschkandidaten, und dann verfolge ich ihn, knüppel ihn nieder, werfe ihn in den Jeep und verschwinde mit ihm. Keine Tricks.«

»Da ist ein netter«, sagte Perdita und deutete auf einen jungen Mann, der gerade die Straße in ihre Richtung überquerte. »Blond, sonnengebräunt, gute Schultern.«

»Willst du mit ihm ficken oder ihn essen?«

Perdita ließ eine Kobra-Augenbraue hochschnellen. »Vielleicht beides.«

»Er ist nicht allein«, bemerkte Romeo. »Ein Mädchen ist bei ihm.«

»Vielleicht kommen wir nun beide auf unsere Kosten, *macho*. Los, gehen wir!«

Romeo und Perdita stiegen in den Cherokee und fuhren langsam den Boulevard Botánica entlang, ohne das junge Paar aus den Augen zu lassen, das die schäbigen Sehenswürdigkeiten der Grenzstadt besichtigte.

»College-Gemüse«, sagte Romeo. »Aus Austin oder vielleicht nur aus dem tiefen Süden.«

Das Paar ging in eine Bar, und Romeo parkte den Cherokee davor. Als die beiden nach zehn Minuten noch nicht wieder herausgekommen waren, sagte Perdita: »Gehen wir rein.«

Die Bar nannte sich El Loco's Round-Up, und das junge Paar stand mit mehreren anderen Leuten im Halbkreis um einen hochgewachsenen weißhaarigen Gringo, der an der Theke lehnte und redete. Romeo und Perdita traten näher, um zu hören, was er sagte.

»Jeder, der in die Filmbranche einsteigt, macht seine Erfahrungen auf die harte Art«, sagte der Mann. Er kam Romeo bekannt vor, doch er konnte ihn nicht einordnen. »Als ich mich nach Hollywood aufmachte, kam ich geradewegs aus der Versicherungsgesellschaft meines Daddys«, fuhr der Mann mit seiner Erzählung fort, die er kunstvoll mit einzelnen Schlucken J. W. Dant unterstrich. »Ich wußte noch nicht einmal genau, aus welchem Loch Frauen pinkelten. Entschuldigen Sie, meine Damen«, lächelte er, »aber das ist die reine Wahrheit.«

39

»Wer ist dieser Kerl?« flüsterte Perdita.

»Sch«, erwiderte Romeo. »Ich weiß, daß ich ihn schon mal irgendwo gesehen habe.«

»Allerdings war ich damals ein gut aussehender Junge, genau der Typ, der gefragt war, wie Coop, McCrea, Johnny Mack, Randy Scott. Es machte nichts aus, daß ich aus einem Bostoner Versicherungsbüro kam. Ich sprach für eine Rolle vor, und so pflanzten sie mich auf ein Pferd, und ich eignete mich. Ich machte meine Sache gut, sparte mein Geld und vergaß nicht alles, was sie mir in Harvard beigebracht hatten, nur die Dinge, die ich mir nie hatte merken können. Sie lehrten mich, so zu sprechen, als wäre ich von einer Montana-Kuh gesäugt worden. Einigen anderen ging es freilich nicht so gut. Als ich das letzte Mal von Lash hörte, drehte er gerade Pornos. Nun ja, in seinem Alter ist das eher eine Ehre als eine Schande. Und Sunset ist Portier beim Thunderbird in Vegas. Hab' ihn selbst dort gesehen. Und was Duke betrifft, so weiß ohnehin jeder, was aus ihm geworden ist. Ist mit allem und jedem fertiggeworden, nur vor der Geißel der Menschheit, dem Krebs, hat auch er passen müssen. Und Randy starb nicht bankrott. Die einzigen wirklichen Fehler in meinem Leben waren meine Ehen mit amerikanischen Frauen. Sollte mich lieber an Mexikanerinnen oder Japanerinnen oder sowas in der Art halten.«

Als der Mann innehielt, um sich einen neuen Drink einzuschenken und herunterzukippen, sagte Romeo zu Perdita: »Happy Pard, der Beschützer der Pecos! Jetzt weiß ich endlich, wer er ist! Der Typ ist eine Legende!«

»Ich habe Ihre Bemerkung gehört, Partner«, sagte Hap und nickte mit dem Kopf in Romeos Richtung. »Stimmt voll und ganz. Habe über hundert Western gemacht, ehe ich meine eigene TV-Serie bekam. Sie wurde gerade bei Republic und Monogram gesendet. Ich habe mit der Serie angefangen, als ich fünfundvierzig war, und sie lief neun Jahre lang. In Teilen von Asien und Südamerika läuft sie immer noch. Mein wirklicher Name ist Winston Frost, aber nachdem mich so viele Jahre lang alle Welt nur Hap nannte, ließ ich ihn schließlich per Gesetz ändern. Die Witzbolde ließen mich sogar meine Schuldscheine so unterschreiben!« Er lachte. »Das war ein übler Lebensabschnitt, Leute, das Spielen! Jahrelang habe ich auf alles gewettet, was man sich nur vorstellen kann. Zum Beispiel darauf, auf welchem Stück Zucker eine Fliege landen würde. Ich sage euch, Leute, dieser russische Satansbraten, Fjodor Dostojewski, hat das glasklar umrissen. Lest nur seinen Roman, ›Der Spieler‹, und ihr versteht, was ich meine. Der Mann war der größte Schriftsteller, den es je gab. Hatte dasselbe Problem wie ich.«

»Worüber redet er?« flüsterte Perdita.

»Ganz egal«, sagte Romeo. »Laß uns lieber aufpassen, daß unsere Täubchen nicht davonflattern.«

Der Junge und das Mädchen, beide nicht älter als neunzehn oder zwanzig, verließen das El Loco's, dicht gefolgt von Perdita und Romeo. Auf der Straße holte Perdita den Jungen ein und hakte sich bei ihm unter. Romeo trat neben das Mädchen und zeigte ihm und dem Jungen die Mündung seiner .38er.

»*Amigos*«, sagte er, »wir werden einen kleine Fahrt ins Blaue machen.«

»Was soll das? Wohin bringt ihr uns?«

»Entspann dich, *amigo*«, sagte Romeo. »Ist nur 'ne kleine Landpartie. He, übrigens, *mil gracias,* daß ihr an der Grenze keinen Ärger gemacht habt.«

STIMMEN

»Du sagtest ja, du würdest uns sonst erschießen«, wandte das Mädchen ein.

»Tja, Püppchen, das hätte ich wohl getan, du hast recht. Man kann sich nie sicher sein, ob ein Mann auch meint, was er sagt, aber ich habe immer dafür gesorgt, daß es in meinem Leben viele Varianten gibt. Ist das nicht so, Süße?«

Perdita saß auf dem Beifahrersitz. Sie gab keine Antwort, sah weiterhin mit steinerner Miene nach vorn und dachte darüber nach, wie sie die Sache am besten anpacken sollten. Das klügste wäre es, die beiden umzubringen, bevor sie zur Ranch gelangten. Andererseits war der Knabe wirklich niedlich. Vielleicht könnte sie erst ihren Spaß mit ihm haben und ihn danach umbringen. Romeo würde sein Ding auch in ein Schlüsselloch stecken, wenn es sich für ihn gut anfühlte. Sollte er Lust dazu haben, könnte er ja die kleine weiße Nutte bespringen.

»Wir werden jetzt einfach eine Zeitlang *compañeros* sein, in Ordnung?« sagte Romeo. »Also, ich heiße Romeo, und die geheimnisvolle Frau neben mir ist Perdita. Wie können wir euch nennen?«

»Gar nicht«, antwortete das Mädchen.

Perdita streckte den Kopf zum Fenster hinaus und ließ ihre Haare im Wind flattern. Das Mädchen ist ein Volltreffer, dachte sie. Sie hatten sich die perfekte platinblonde Schlampe geschnappt. Würde sicher nett werden, sie zu verprügeln.

Romeo lachte. »Sei lieber freundlich, junge Dame. Das macht alles einfacher.«

»Warum sollten wir dir irgend etwas einfach machen?« antwortete das Mädchen.

»Hast du vor, Lösegeld für uns zu verlangen?« fragte der Junge. »Dann muß ich dir mitteilen, daß meine Leute nicht viel Geld haben. Dad leitet ein Luby's in El Paso. Mom ist Schreibkraft in einem Maklerbüro. Und bei Estelles Eltern sieht es kein bißchen besser aus.«

»Estelle?« sagte Romeo. »Ist das dein Name, Prinzessin? Estelle. Fast wie *estrellita,* kleiner Stern. Das gefällt mir besser, viel besser. Estrellita! So werden wir dich nennen. Gefällt dir das auch, Perdita?« Er lachte. »Und jetzt zu dir, Junge. *Cómo se llama?*«

»Duane.«

»Okay, okay«, sagte Romeo. »Akzeptiert. Ein richtiger Name für einen richtigen Kerl. Du siehst wie ein richtiger Kerl aus, Duane. Du *bist* doch ein richtiger Kerl, oder?«

»Ich denke ja.«

Romeo grinste sein breites Grinsen. »Yeah, jetzt sieht die Sache schon besser aus! Wir kennen unsere Namen, das ist doch schon mal ein Fortschritt. Duane und Estrellita. Romeo und Perdita. Wie wäre es mit Estrellita und Perdita? Das ist ein Pärchen! Oder Romeo und Duane. Ha! Da gehen sie, Hand in Hand, die braven kleinen Jungen. Ein reizendes Bild, findet ihr nicht?«

»Wohin bringt ihr uns?« fragte Estelle.

»Dorthin, wo das Volk lebt, Kleiner Stern. Ist ein interessanter Ort, über den du beim nächsten Familienpicknick erzählen kannst, wenn all die kleinen Estrellitas und Duanes und Verwandten zusammenkommen und selbstgebrannte Schnäpschen trinken und Pasteten und Honigmelonen essen. Vielleicht am vierten Juli.«

»Nur wird das nicht geschehen«, sagte Perdita, ohne sich umzudrehen.

Romeo lachte. »Oh, Duane und Estrellita, habt ihr schon mal was über ›Stimmen‹ gehört? Ihr wißt schon, nicht von einer Person, sondern wie aus der Luft?«

»Körperlose Stimmen?« fragte Duane.

»Ja, das ist es wohl«, erwiderte Romeo. »Kein Körper, nur eine Stimme. Wie von Gott.«

»Ja?«

»Ihr werdet sie hören.« Romeo blickte sich rasch nach dem Jungen und dem Mädchen um, die gefesselt auf dem Rücksitz saßen.

»Wird keinen vierten Juli mehr geben, Baby«, sagte Perdita. »Und auch kein Thanksgiving.«

»Was ist mit dem *Cinco de Mayo?*« fragte Romeo.

Perdita grinste ihn an und zeigte dabei exakt ein Dutzend ihrer kleinen weißen Zähne. »Was hältst du von Weihnachten in der Hölle, Chico? Wär doch für deine Honigfotze da hinten mal 'ne nette Abwechslung.«

Romeo schlug mit beiden Händen auf das Lenkrad, heulte auf und wiegte sich, während er weiterfuhr, ausgelassen vor und zurück.

»Ferien in der Hölle!« brüllte er. »Scheiße noch mal, tolle Ferien der Extraklasse! Yeah! Du machst es richtig, Süße. Machst es Extraklasse, knallhart, oh, Scheiße, Baby, ausgeflippt, okay!«

Perdita lachte. »Ich denke, ich liebe dich auch«, sagte sie.

Tyrone ›Rip‹ Ford war in Susie, Texas, zur Welt gekommen und aufgewachsen, und in den dreiundvierzig Jahren seiner Existenz hatte er sich

AUFRECHTE

MÄNNER

niemals, außer in seiner Militärdienstzeit, so weit von zu Hause wegbewegt, daß er nicht immer noch den Rio Grande im Blick gehabt hätte. Im Alter von einundzwanzig, drei Jahre nach Beendigung der Highschool und drei Wochen nach der Entlassung aus der Armee, wurde Rip Hilfssheriff von Larry Lee County. Zehn Jahre später stieg er dann zum Sheriff auf und hatte dieses Amt seitdem inne.

Rip Fords Vater, Royal Ford, hatte seinem Sohn den Spitznamen ›Rip‹ im Andenken an seinen Großvater väterlicherseits verliehen, Colonel Rip Ford, ein frühes Mitglied der Texas Rangers. Nachdem er bei den Rangers in den Rang eines Captains aufgestiegen war, hatte Rip Ford, der sich selbst zum Colonel beförderte, anschließend eine Kompanie aus flüchtigen Südtexanern zusammengestellt, damit sie im Bürgerkrieg unter seinem Kommando kämpften. Fords Truppe setzte sich vorwiegend aus steckbrieflich gesuchten Männern zusammen und solchen, die als zu alt oder zu jung galten, um von der Konföderierten Armee eingezogen zu werden. Die irregulären Soldaten vereinigten sich in erster

Linie zu dem Zweck, Widerstand gegen eine erwartete Invasion aus Südtexas durch eine Unionsbrigade aus Negersoldaten zu leisten.

Colonel Fords zerlumpte Truppe unterhielt ein Wanderlager entlang der mexikanischen Seite der Grenze, ging feindseligen Kickapoos und Apachen aus dem Weg und sicherte sich ihre Versorgung durch Überfälle auf abgelegene Anwesen zu beiden Seiten des Flusses. Da Colonel Rip Ford von General Robert E. Lee als Gesetzloser erklärt und seine Anhängerschar als Kriminelle und Gesindel gebrandmarkt worden war, versuchte er kurz vor der Kapitulation bei Appomattox eine Geschichte zu konstruieren, laut der seine Kompanie zu den Nordstaaten übergetreten wäre und die Union in einem Feldzug gegen Mexiko unterstützen würde. Zu diesem neuen Zusammenschluß kam es dann doch nicht, dafür gelang es Colonel Ford jedoch, als Vermittler zwischen Yankee-Handelsschiffreedern und Südstaaten-Baumwollpflanzern zu agieren, indem er die Reedereimagnaten davon überzeugte, ihre Schiffe unter mexikanische Registrierung zu stellen und Baumwolle zu den europäischen Flotten zu transportieren, vorwiegend englische Schiffe, die sich im Golf von Mexiko und im karibischen Meer befanden.

Royal Ford hatte immer die Gewitztheit seines Großvaters bewundert und gehofft, sein Sohn – der seinen Vornamen, Tyrone, von seiner Mutter, Louise, erhalten hatte, einer glühenden Verehrerin des Filmstars Tyrone Brown – würde eine ähnliche Zielstrebigkeit und Entschlußkraft an den Tag legen. Royal wurde bei einem Raubüberfall auf seine Golf Tankstelle, die er seit seiner Entlassung aus der Armee Ende des Zweiten Weltkriegs in Susie betrieb, getötet. Ein Vagabund namens Ulysses Neck hatte Royal Ford bäuchlings im Büro der Tankstelle hinlegen lassen und ihn in den Hinterkopf geschossen. Als Ulysses Neck eine

Stunde später in der weniger als zehn Meilen entfernten Stadt Fort Dudgeon von zwei Texas Rangern aufgegriffen wurde, hatte er exakt zweiunddreißig Dollar und acht Cent in seinem Besitz. Neck nahm sich in der gleichen Nacht das Leben, indem er sich mit einem Gürtel an den hohen Gittern seiner Zelle im Gefängnis von Larry Lee County aufhängte, demselben Gefängnis, das nun Royals Sohn, Rip Ford, leitete.

Rip hatte nie geheiratet. Sein Leben war seine Arbeit; kein Bürger von Larry Lee County hatte je Grund gehabt, an Sheriff Fords aufrechter Gesinnung zu zweifeln. Von Fort Dudgeon über Susie bis Madre Island war Rip Ford bei allen bekannt und wurde von Angloamerikanern und Lateinamerikanern gleichermaßen respektiert, und dies keineswegs widerwillig. Im Verlauf seiner jahrzehntelangen Amtszeit hatte es in Larry Lee County niemals einen schwarzen Einwohner gegeben. Jene Yankee-Negertruppen, die der Urgroßvater von Louises Sohn, Tyrone, so gefürchtet hatte, nahmen niemals Gestalt an.

In dem Moment, als Rip Ford über das Verschwinden der beiden College-Studenten, Duane Orel King und Estelle Kenedy Satisfy, erfuhr, spürte er im unteren Teil seines Rückens einen scharfen Schmerz.

»Stimmt was nicht, Rip?« fragte der erste Hilfssheriff, Federal Ray Phillips, der die Grimasse des Sheriffs bemerkte.

»Gerade war mir so, als würde mich jemand über der rechten Arschbacke mit einer Mistgabel stechen, Fred«, erwiderte Rip. »Hab' noch nie zuvor was Ähnliches gefühlt.«

»Hoffen wir, daß unten, in den Lehmhütten, niemand auf die Idee gekommen ist, eine Puppe, die deinen Namen trägt, mit Nägeln zu durchbohren«, sagte Federal.

Beide Männer lachten.

»Es ist nichts passiert. *Noch nicht!*«

Fed Phillips blickte zu dem Mann hinüber, der das gesagt hatte, und erkannte ihn sofort.

STURMWARNUNG

Es war Ramon Montana, einer der bekannteren Trunkenbolde im County.

»Sie können mich hören, Señor Fed! Sie wissen, ich meine, was ich sage, wenn ich was sage. Ich *sagte:* Es ist nichts passiert. *Noch nicht!*«

»Hab' Sie schon gehört, Ramon. Ihr Wochenende läßt sich ja gut an.«

Ramon Montana wankte zum Bordstein, wo er auf die Knie fiel und sich in die Abflußrinne erbrach. Darauf schüttelte er sich wie ein nasser Hund, richtete sich auf, räusperte sich, warf die Schultern zurück, hob ein Bein in die Luft, als wollte er eine Treppe besteigen, krängte nach Steuerbord und stürzte auf den Bürgersteig.

»Kommen Sie, Ramon, stehen Sie auf«, sagte Fed, während er ihm wieder auf die Beine half. »Bringen wir Sie lieber mal nach Hause, bevor Sie so voller Schrammen sind, daß Ihre Schwester Sie nicht wiedererkennt.«

»Ich geh *nicht* nach Hause!« brüllte Ramon. »Niemand kann mich dazu zwingen. Außerdem ist meine Schwester tot.«

»Dann bring ich Sie eben ins Gefängnis.«

Ramon murrte zwar, ließ sich jedoch von Fed Phillips den halben Block bis zu seiner Pension begleiten, wo Fed ihn die Stufen hinauf in sein Zimmer führte.

»Jetzt schaffen Sie's ohne fremde Hilfe weiter, *amigo.* Schlafen Sie gut.«

»Ich sag's Ihnen, Señor, irgend 'ne komische Kiste läuft ab. Ich red keinen Scheiß, verstehen Sie? Die werden die Kinder umbringen, den *gringo,* die *gringa.* Sie werden's schon hören, und dann vergessen Sie nicht, daß ich's Ihnen als erster gesagt habe. Der Mann hat den bösen Blick. Den bösen Blick.«

Fed schloß die Tür und ging wieder auf die Straße hinaus. Wer wird welche Kinder umbringen? überlegte er. Er ging zum El Loco's, um zu sehen, was er herausfinden konnte.

Drüben im Gefängnis saß Rip Ford in seinem Büro und betrachtete das Bild von Ava Gardner, das er in einem Plastikrahmen auf seinem Schreibtisch stehen hatte. Es war ein En-face-Porträt, das 1954 von einem Franzosen, Philippe Halsman, aufgenommen worden war. Rip wußte das, weil der Name des Fotografen und das Datum auf die Rückseite des Fotos gedruckt waren. Eigentlich war es eine Postkarte, aber sorgfältig und geschickt gerahmt, als handelte es sich um ein Foto von Rips Frau oder Verlobter. Auf dem Bild verdeckten Ava Gardners zerzauste Haare ihr rechtes Auge, und ihre vollen geschlossenen Lippen waren leicht nach rechts gezogen, was jedoch alles andere als ein Lächeln bewirkte. Ihre Lippen sahen aus, als wären sie mit roter Farbe vollgeschmiert, obwohl es ein Schwarzweißfoto war. In ihrem Gesicht lag weniger ein verlockendes Fick-mich, als vielmehr ein Ausdruck, der vom Wissen um die Abgründe der menschlichen Existenz zeugte, wie man ihn nur bei den teuersten Huren sieht. Dies war Ava zu ihrer besten Zeit, direkt nach dem Film *Mogambo,* den Rip als Junge in El Paso vom Balkon des Joy Rio aus gesehen hatte. Es war Samstagabend zehn Uhr, und er betrachtete Ava Gardners unveränderliches Gesicht, das zeitlose Gesicht einer längst vergangenen Zeit. Rip ließ das Telefon dreißig Sekunden lang klingeln, ehe er den Hörer abhob.

Während Romeo fuhr, dachte Estelle Satisfy an ihre Mutter, Glory Ann Blue Satisfy, und fragte sich, ob sie sie jemals wiedersehen würde.

SCHLECHTE

STRASSE

Glory Ann stammte aus Divine Water, Oklahoma, ein Ort, den sie innig liebte und von dem sie wünschte, sie hätte ihn nie verlassen. Das Haus in der Worth Avenue in Dallas, wo Estelle aufgewachsen war, hatte Glory Ann nie gefallen, genausowenig wie Dallas selbst. Glory Ann wurde es nie müde, sich über die Stadt zu beklagen. »Wenn ich morgens aufwache«, sagte sie oft zu Estelle, »würde ich gern wissen, was mich erwartet. Hier, in der großen Stadt gibt es zuviele Überraschungen.«

Glory Ann wog jetzt dreihundert Pfund. Ihr Ehemann und Estelles Daddy, Ernest Tubb Satisfy, der nach dem berühmten Sänger benannt worden war, war einen Meter fünfzig groß und wog siebenundachtzig Kilo. Er fuhr einen 7-Up-Lieferwagen und rauchte Larks, zog jedoch an jeder Zigarette nur dreimal, ehe er sie wieder ausdrückte. Ernest Tubb behauptete, die Larks würden ihren Geschmack nach zwei Zügen verlieren. Den dritten, sagte er, nahm er nur deshalb, um sich jedesmal aufs Neue davon zu überzeugen.

Estelle dachte an ihren Hund, Gopher, der gestorben war, nachdem er eine ganze Extralarge-Pizza mit Anchovies und Zwiebeln aufgefressen hatte. Sie war damals in der siebten Klasse gewesen. Ernest Tubb hatte Gopher im Hinterhof unter dem Pflaumenbaum begraben, und Estelle legte immer noch jedes Jahr an Gophers Todestag, dem fünften April, Blumen auf sein Grab. Über diese und andere Ereignisse aus ihrem Leben sann Estelle nach, während der Cherokee eine schlechte Straße entlangholperte, die, wie Estelle meinte, einzig in die Hölle führen konnte.

Romeo, falls das tatsächlich sein richtiger Name ist, sieht aus wie der Teufel, überlegte Estelle. Und diese Perdita wirkt ebenfalls sehr sonderbar und gefährlich. Ich hoffe nur, sie werden uns nicht umbringen, zumal ich noch nicht einmal entjungfert worden bin. Das wäre ein echter Schlag, nachdem ich alles getan habe, um meine Keuschheit zu bewahren. Ich hätte es Stubby Marble tun lassen sollen. Grace Jane sagt, die Marble Jungen, Eugene und Stubby, machen es besser als alle anderen, und ich bin mir verdammt sicher, daß sie weiß, wovon sie spricht. Stubby hat mich fast einen Monat lang angebaggert, ehe er es schließlich aufgab. Und jetzt Duane, er benimmt sich, als wäre ihm alles egal. Ich weiß nicht, vielleicht stimmt das ja auch. Ich wünschte, ich wüßte, was hier gespielt wird, wirklich. Ich bin nur ein College-Mädchen mit einer Menge Talent im Bereich Werbegraphik, ein Mädchen, das bisher noch keinmal flachgelegt wurde. Ich weiß, das Leben ist nicht gerecht, wer erwartet das heutzutage schon, aber diese Geschichte hier ist wirklich übel.

Duane tat, als würde er schlafen. Er ließ den Kopf hängen und bemühte sich krampfhaft, an nichts zu denken, doch er konnte es nicht verhindern, die Gedanken kamen einfach. Dies hier war nicht das Ende einer guten Zeit, es war der Anfang einer schlechten. Hätte Estelle nicht darauf bestanden, auf ein Bier zu gehen, überlegte Duane, wären wir jetzt in unserem Hotelzimmer und sie würde mich vielleicht ranlassen. Es war eine Schande zu sterben und nur ein Mädchen gehabt zu haben, und das war ausgerechnet Grace Jane Bobble gewesen, die von den Marbles nicht ohne Grund den Spitznamen ›Der weite Missouri‹ bekommen hatte. Diese Perdita ist allerdings bildschön. Erinnert mich an diese giftige Schlange aus Südafrika in dem Buch über Reptilien und Amphibien, das wir in Biologie hatten, die Schlange mit dem dreieckigen rotgelben Gesicht und den eisigen orangefarbenen Augen. Sie gehört zu der Art, die zubeißt, und wenn sich ihre Zähne erstmal in deine Haut gebohrt haben, kannst du ihr nur noch den Kopf mit einem Beil abhacken, um freizukommen.

Duane öffnete die Augen und blickte zu Estelle. Sie hatte ihre Augen geschlossen, kaute auf ihrer Unterlippe herum und weinte. Duane war auch nach Weinen zumute, aber es kamen keine Tränen, obwohl er sich nicht dagegen wehrte. Vielleicht fällt mir ein, wie wir hier wieder wegkommen, dachte Duane. Estelle wäre bestimmt sehr dankbar und würde mir erlauben, sie zu bumsen. Wer, außer den Marbles, könnte es ihr noch gemacht haben? Die Marbles sagten, sie wäre ein echter Leckerbissen. Wie Daddy immer sagt: Dieses Leben hat weiß Gott 'ne Menge Fragezeichen, die wie Hundescheißhaufen in einem freien Feld verstreut sind. Anscheinend bin ich nicht vorsichtig genug aufgetreten.

»Ich erzähl dir bei passender Gelegenheit, wer meine Helden sind, Duane. So kriegst du 'ne bessere Vorstellung davon, wer ich bin.«

HELDEN

Romeo und Duane saßen auf Stühlen auf der Veranda des Haupthauses der Rancho Negrita Infante. Estrellita, wie Romeo Estelle genannt haben wollte, schlief in einem abgesperrten Schlafzimmer. Es war fast Mitternacht.

»Ich fessle dir die Beine absichtlich nicht, Duane. Entschuldige wegen der Hände. Du sagst es mir, wenn der Draht zu eng ist.«

»Nein, es geht schon.«

»*Bueno, bueno.* Wir müssen die Blutzirkulation in Gang halten. Also, hier ist meine Liste: James Ruppert, George Banks, Howard Unruh, Pat Sherill, Charles Whitman, R. Gene Simmons, senior, James Oliver Huberty und Joseph Wesbecker. Weiß alle Namen auswendig. Kennst du einen davon?«

»Glaub nicht.«

»Nicht einmal Whitman?«

Duane schüttelte verneinend den Kopf.

Romeo lachte. »Bist wohl in Geschichte nicht besonders gut.«

»Ich habe eine gute Note.«

»Vielleicht habt ihr diesen Teil noch nicht durchgenommen. Jetzt erzähl ich dir, was diese Männer gemacht haben. Ruppert hat bei einem

Ostersonntagsessen in Ohio elf Leute getötet, darunter acht Kinder. Banks schaffte zwölf, einschließlich fünf Kinder, in Pennsylvania. Unruh erschoß dreizehn Leute in zwölf Minuten in Camden, New Jersey. Er hatte aber noch mehr drauf. Sagte: ›Ich hätte tausend abknallen können, wenn ich genügend Kugeln gehabt hätte.‹

Sherill ermordete vierzehn Leute auf einem Postamt in Oklahoma. Simmons senior schaffte in Arkansas ebenfalls vierzehn, allesamt Familienmitglieder. Verbuddelte ein Dutzend unter seinem Haus. Huberty schlachtete in einem McDonald's in San Diego einundzwanzig Leute ab. Wesbecker erschoß in einer Druckerei in Kentucky sieben Leute und verwundete dabei noch zahlreiche andere Menschen. Und unser Whitman erschlug sechzehn Leute in dem Hochhaus, das zum Gelände der Universität von Texas in Austin gehört. Erstaunt mich, daß du nichts über ihn gehört hast.«

»Wann war das?«

»Ungefähr 1966, vielleicht 'n Jahr früher oder später.«

»Vor meiner Zeit.«

»Teufel noch mal, Junge, das war Hitler auch, und du kannst mir nicht erzählen, daß du noch nie von ihm gehört hast!«

»Doch, habe ich.«

»Und wie steht's mit dem Hunnen Attila? Ist der dir bekannt?«

»Ich glaube ja, Er war Türke oder sowas in der Art.«

»Nun, ich rechne die Jungs nicht mit ein, die Armeen hatten oder andere Leute für sich töten ließen. Für mich gelten nur diejenigen, die das selbst in die Hand genommen haben. Serienmörder, die über einen langen Zeitraum hinweg morden, zähle ich auch nicht mit. Es sind nur diejenigen, die ganz plötzlich wissen, daß sie die ganze Scheiße keinen Moment länger ertragen können, und einfach auf die ganze Welt losballern! Es gibt noch mehr als die, die ich erwähnt habe, aber die Namen sind mir jetzt auf Anhieb eingefallen. Dieses Thema ist nämlich so 'ne Art Spezialgebiet von mir.«

Perdita kam auf die Veranda hinaus und rieb ihren linken Oberschenkel gegen Duanes rechten Arm. Sie legte die linke Hand in sein dickes blondes Haar und zerzauste es.

»Erzählst du dem Jungen gerade eine Gutenachtgeschichte, Romeo?« sagte sie.

»Hab' nur ein paar von Duanes Bildungslücken gefüllt.«

Perdita lächelte. »Ich hätte da auch ein, zwei Lücken, die gefüllt werden müßten. Habt ihr beiden Intellektuellen Lust, einer Lady aus diesem Notstand herauszuhelfen?«

Romeo sperrte die Tür zum Schlafzimmer auf und trat ein. Eine ganze Minute lang stand er reglos da und lauschte Estrellitas Atemzügen. Je-

DIE FLEDERMAUS

desmal, wenn sie ausatmete, ertönte ein hohes, kurzes Pfeifen. Romeo schloß die Tür, sperrte sie ab und steckte den Schlüssel in seine rechte Hosentasche. Er ging zum Bett und setzte sich auf die Kante. Estrellita hatte langes, honiggoldenes Haar, und Romeo strich mit der linken Hand langsam und sanft darüber. Als sie sich ein wenig bewegte, nahm er die Hand weg und sah zu, wie sie sich auf den Rücken herumrollte und den Kopf nach rechts drehte. Ihre Augenlider flatterten; sie schürzte ihre vollen Lippen, entspannte sie dann wieder und stieß dabei einen leisen Pfiff aus.

»He, Kleiner Stern«, flüsterte Romeo. »Kómm, Estrellita, niña. Romeo es aqui.«

Sie rührte sich nicht, und ihre Atmung schien völlig aufzuhören. Romeo lächelte. Er wußte, daß sie wach sein mußte.

»Kleiner Stern, verstell dich nicht«, sagte Romeo in normalem Ton. »Du kannst die Augen öffnen. Alles, was du sehen wirst, bin ich.«

Ein Rinnsal aus Mondlicht quetschte sich durch das zugenagelte Fenster zwischen dem obersten und dem zweiten Brett ins Zimmer. Estrellita bewegte sich nicht, sondern öffnete lediglich ihr linkes Auge. Sobald sie den purpurnen Schatten von Romeos Gesicht sah, schloß sie es wieder.

»Du glaubst, ich will dir etwas tun, ja?« sagte er. »Wie kommst du nur auf solche Gedanken? Deinem Freund, Duane, wurde auch nichts angetan. Vermutlich fühlt er sich inzwischen sehr glücklich.«

»Wo ist er?« fragte Estrellita. »Ist er tot?«

Romeo lachte. »Nein, natürlich nicht, Señorita. Er hilft einer holden Maid aus ihrer Not. Einer schönen Lady, wie du eine bist.«

Estrellita drehte Romeo ihr Gesicht zu und öffnete beide Augen. Er sah aus wie eine riesige Fledermaus.

»Soll das heißen, daß Perdita ihn sich geschnappt hat?« fragte sie.

»Ja, ich denke, das trifft den Nagel auf den Kopf.«

»Sie erinnert mich irgendwie an eine Schlange.«

Romeo lächelte. »Aber eine schöne Schlange.«

»Sie sieht kalt aus.«

Romeo beugte sich tiefer über Estrellitas Körper und berührte mit der rechten Hand ihre linke Wange.

»Estrellita, *mi flora blanca de la noche. Tu es la luz de mi vida.*«

Sie bewegte ihren Kopf und die Schultern etwas nach rechts, um seiner Berührung auszuweichen.

»Hab' keine Angst, Kleiner Stern. Bei mir bist du sicher.«

Estrellita begann zu lachen, hielt plötzlich inne und brach in Tränen aus. Romeo beobachtete, wie die Tränen aus Estrellitas Augen strömten und zu beiden Seiten ihres Gesichts auf das Kissen rollten. Langsam neigte er den Kopf und leckte mit der Zunge die Tränen von ihren Wangen. Estrellita konnte sich nicht bewegen. Es war, als würde Romeos Geste sie lähmen und sein Speichel ihr

Gesicht betäuben. Sie hatte sich noch niemals zuvor so gefühlt.

»Schließ die Augen, Estrellita, *bonita*«, sagte Romeo und küßte ihr linkes Ohr, ihre linke Augenbraue, ihre Nasenspitze. »Romeo wird sich um dich kümmern.«

»Was meinst, wer eignet sich besser?« fragte Romeo. »Der Junge?«

Perdita stieß mit der Spitze ihres Klapperschlangenlederstiefels den Staub auf. Ein weicher Südwind wehte und ließ die Enden ihrer offenen schwarzen Haare aufflattern.

»*No sé,* Baby. Der ist zu zäh.«

»Du bist verknallt in ihn, was?«

»Wäre jedenfalls lustiger, ihn noch 'ne Weile zu behalten. Was ist mit deiner kleinen *vaca,* Estellita?«

Romeo nahm seinen Stetson-Strohhut ab und strich sich mit der linken Hand durch sein dichtes rotschwarzes Haar. Er saß auf der obersten Zaunlatte des Pferchs, der sich neben der Zeremonienhütte befand. Die Sonne brannte so heiß wie immer, doch die schwüle Luft kündete vom Nahen eines Regenschauers. Perdita lehnte sich an den Zaun und blickte nach Osten zu den kahlen braunen Hügeln.

»Sie war noch ein richtiges Mädchen, *chica, una virgin.* Hat heiß und viel geblutet, wie *crème de caramel.*«

Perdita lachte. »Zu schade, daß wir das nicht vorher wußten. Eine Jungfrau zu opfern, hätte uns zu wahren *mayombérias* gemacht.«

»Inzwischen denke ich, es ist besser, einen Einheimischen zu nehmen«, sagte Romeo. »Irgendeinen Jungen oder Mädchen aus Zopilote. Duane und Estrellita könnten sich noch in jeder Beziehung als nützlich erwiesen.«

»Sag Adolfo, er soll dafür sorgen, daß diesmal genug Knoblauch da ist.«

Romeo lachte. »Du hättest neulich sein Gesicht sehen sollen. Ich habe ihm erzählt, daß damals, als Satan aus dem Garten Eden herauswanderte, der Knoblauch zu sprießen begann, wann immer er mit dem linken Fuß den Boden berührte. Adolfo bekreuzigte sich und rief: ›*Madre de dios, es verdad?*‹«

Perdita spürte ein Jucken zwischen den Beinen, griff mit der rechten Hand nach unten, ballte sie zur Faust und rieb sich damit kräftig über die Klitoris.

»Weißt du, Romeo«, sagte sie, »die einzig wirklichen Freuden, die den Menschen auf Erden bleiben, sind Ficken und Töten. Wenn die wegfallen, *guapito*, können wir auch verschwinden.«

Rip Ford war mit einer Prostituierten namens Lupita Luján im Bett, als Federal Phillips anrief.

»Sheriff, ich bin gerade im El Loco's Round-up. Ein paar Jungs haben Romeo Dolorosa wiedererkannt, diesen Schlangenpriester und Dope-Dealer aus Zopilote, und seine Freundin, die Priesterin. Offenbar haben sie hier ein, zwei Bier getrunken und waren dann plötzlich verschwunden. Niemand bemerkte, wie sie gingen. Es fiel erst auf, als sie schon weg waren.«

»Ist das alles?«

»Fürs erste, ja. Ich werde der Sache nachgehen und mir einen Informanten greifen, der sich umhören soll, ob der Kerl hier irgendein Ding vorhat. Würde mich allerdings wundern. Er hat ja nicht einmal versucht, sich zu tarnen oder sonstwas. Ach, ja, noch was, dieser alte Säufer, Ramon Montana, hat etwas von irgendwelchen Leuten gebrabbelt, die ein weißes Pärchen umbringen wollen. Könnte was mit Dolorosa zu tun haben, weil Ramon ständig von einem Kerl mit dem bösen Blick geredet hat. Typisches santería-Gerede eben.«

»Ruf mich an, wenn du etwas Neues erfährst.«

»Klar, mach ich.«

Rip legte auf und wandte seine Aufmerksamkeit wieder Lupita zu.

»He, Süßer«, sagte sie, »woher hast du diese Narbe auf deiner Schulter?«

»Vom Öl, das aus Psyches Lampe tropfte.«

Lupita runzelte die Stirn. »Wie kann eine Lampe sowas anrichten?«

»War nur ein Scherz, Kleines. Die Narbe ist ein Souvenir aus Nam, alte Schußverletzung. Schätze, du hast noch nie darüber gehört, wie Psyche einmal mitten in der Nacht Amor aufweckte, weil aus ihrer Lampe ein Tropfen heißen Öls fiel und seine Schulter verbrannte, und wie dann seine Mama, Venus, dem armen Mädchen das Leben zur Hölle gemacht hat.«

Lupita zuckte die Schultern, rollte sich herum und zog das Laken über ihren kurzen, gedrungenen Körper.

»Wie soll ich davon gehört haben, wenn ich in diesem verpißten Kaff hier festsitze? Wer war die Schlampe?«

»Psyche?«

»Ja, die.«

»Die schönste Sterbliche auf Erden. Hat ihrer Schwiegermutter die Verehrer abspenstig gemacht.«

Lupita schnaubte empört. »Kein Wunder, daß sie das Mädchen haßte. Du kanntest sie wohl recht gut, was?«

»Wir sind uns nie wirklich begegnet.«

»Und wieso bist du dann so an ihr interessiert? Bist wohl scharf auf ihren süßen Arsch, he?«

Rip stand auf und zog seine Hose an.

»Zeit, die Wirklichkeit vom Mythos zu trennen, Lupita. *Vamonos.*«

Lupita warf das Laken zurück und streckte sich. Hoch oben auf ihrem rechten Oberschenkel befand sich die Tätowierung eines schwarzen Skorpions mit aufgerichtetem roten Stachel, der auf einer purpurroten Rose saß. Darunter standen auf einem blauen Banner die Worte MALA CHICA.

»Hat sie auch Kinder, diese *perfecta?*« fragte Lupita.

»Ja, sie hat tatsächlich ein Kind«, erwiderte Rip. »Eine Tochter namens Wollust.«

Lupita lachte. »Sollte sie irgendwann anschaffen gehen, braucht sie den Namen jedenfalls nicht zu ändern, *es seguro!*«

Romeo lauschte dem fernen Pfeifen des Zuges. Es hörte sich an wie das quietschende Keuchen einer Orgel, über deren Tasten eine Maus

GESCHÄFTE

IM DUNKELN

lief. Er saß im Fahrersitz des Cherokee, hatte die Fenster heruntergekurbelt, rauchte und wartete auf seinen Cousin, Reggie San Pedro Sula, und auf Marcello ›Crazy Eyes‹ Santos. Es war fast zwei Uhr morgens. Der Halbmond beleuchtete Teile der Wüstenlandschaft und verlieh ihr die Atmosphäre eines Ruinenfeldes, zwanzig Jahre nach Ende des Kriegs, nur noch bewohnt von Nagetieren, Insekten und Reptilien.

Der Deal hört sich irgendwie seltsam an, überlegte Romeo, doch wenn Santos beteiligt war, würde zwangsläufig ein Batzen Geld dabei herausspringen. Reggie hatte schon vorher mehrmals für Santos gearbeitet, hauptsächlich bei Aufträgen, die einen guten Schützen erforderten. Sobald er seinen Job erledigt und sein Geld kassiert hatte, war er auf die Inseln zurückgekehrt. Das Geld reichte in der Karibik immer eine geraume Zeit aus, aber früher oder später benötigte er eine weitere Finanzspritze, und so lange Santos überlebte, würde es für Reginald San Pedro Sula immer Arbeit geben. Romeo war mit dem Treffen einverstanden gewesen, obwohl diese ganze Geschichte in mehrfacher Hinsicht ziemlich untypisch war. Zunächst einmal war Reggie bisher kaum bei einem Deal an vorderster Front gewesen; und zweitens wagte sich Santos nur selten aus seiner Heimatstadt New Orleans heraus. Doch Romeo war gewillt, sich die Sache einmal anzuhören. Und er war ein guter Zuhörer.

Romeo hörte den Wagen kommen. Er schnippte seine Zigarette weg und lauschte etwa eine halbe Minute lang dem Motorengeräusch, das immer lauter wurde. Der lange schwarze Wagen fuhr auf der Straßenseite gegenüber von Romeo vom Highway ab und hielt, eine Staubwolke aufwirbelnd, an. Der Motor brummte leise im Leerlauf weiter, und Reggie stieg vom Rücksitz nach draußen, schlug die Tür hinter sich zu und ging quer über die Straße zu Romeo hinüber.

»*Hola, primo*«, sagte Reggie. »*Que tal?*«

»Erzähl du erstmal, worum es geht«, sagte Romeo, während sie sich die Hände schüttelten.

Reggie war sehr groß, gute ein Meter neunzig, und kräftig gebaut. Er war etwa fünfzig Jahre alt, hatte eine Haut in der Farbe von Milchschokolade und trug einen lavendelblauen Freizeitanzug. Auf seinem kahlen Schädel spiegelte sich das Mondlicht. Merkwürdig, dachte Romeo, daß Reggie keinen Hut trägt. Tatsächlich konnte sich Romeo nicht entsinnen, Reggie seit der Zeit, als er fast alle Haare verloren hatte, auch nur ein einziges Mal ohne einen seiner runden, flachen Hüte gesehen zu haben, außer natürlich, wenn er schlafen ging.

»Das soll dir der Mann, Señor Santos, am besten selbst erzählen«, sagte Reggie. »Wirst sehen, es ist ein gutes Geschäft, eine faire Vereinbarung.«

Reggie grinste breit und zeigte dabei seine zahlreichen Goldzähne.

»Es scheint nicht ganz ungefährlich zu sein, wenn

er dich extra von der Insel herbeordert«, erwiderte Romeo.

Reggie stieß ein kurzes Lachen aus. »Irgendeine Gefahr ist doch immer dabei, oder?« sagte er. »Abgesehen davon braucht mich der Mann für ein anderes Ding, zu dem wir von hier aus aufbrechen werden.«

»Verstehe. Und wie geht's den Leuten zu Hause? Danny Mestiza hat mir geschrieben, daß Rocky James zehn Jahre Knast gekriegt hat.«

»Ja, aber er ist schon wieder draußen. Endgültig, wie ich glaube. Es gab irgendeinen juristischen Formfehler, aber Señor Santos konnte die Sache für ihn klären. Halcyan und Rigoberto sind gesund und munter. Das Geld, das du geschickt hast, war sehr hilfreich. Ich habe mich bei Señor Santos mächtig für dich ins Zeug gelegt, damit er dir den Job gibt.«

»Was ist das für ein Job?«

»Geh zum Wagen, dann erzählt er es dir selbst. Denk daran, ihn nicht ›Crazy Eyes‹ zu nennen. Er kann es nicht ausstehen, wenn sie ihn in der Zeitung so nennen, und das machen sie ständig, um ihn zu ärgern.«

Romeo ging die Böschung hinunter, überquerte die Straße und setzte sich auf den Rücksitz der Mercedes-Benz-Limousine. Reggie schloß die Tür hinter ihm und blieb draußen stehen. Ein weiches Licht brannte im Innern des Wagens. Marcello Santos hatte in der rechten Hand einen Drink, drei Finger breit seines bevorzugten schottischen Malzwhiskys, Glenmorangie. Er trug einen dunkelgrauen Anzug mit einem blauen Hemd und einer roten Krawatte, schwarze Cole-Haan-Slipper mit Troddeln und Socken mit einem rotblaugelben Rautenmuster; ferner eine zwei-Dollar-Sonnenbrille aus dem Drugstore mit leuchtend gelbem Gestell und an allen Fingern, einschließlich der Daumen, von denen allerdings einer fehlte, große

67

Gold- oder Diamantringe. Auf seinem Kopf klebte ein bräunlich-schwarzes Toupet; etwas Klebstoff war auf seine Stirn getröpfelt und dort angetrocknet. Santos war achtundsechzig Jahre alt und seit einem viertel Jahrhundert Drahtzieher im organisierten Verbrechen im Süden und Südwesten der Vereinigten Staaten, ohne daß er jemals eines Verbrechens oder Vergehens überführt worden wäre.

»*Buena notte,* Mr. Dolorosa, Romeo«, sagte Santos und streckte die linke Hand, diejenige ohne Daumen, aus, als wäre er der Papst oder eine Prinzessin. »Schön, Sie wiederzusehen.«

Romeo drückte seine Finger.

»Die Freude ist ganz auf meiner Seite«, erwidert er.

»Ich weiß, dies hier ist ein etwas ungewöhnlicher Treffpunkt, Romeo, aber da wir unterwegs zu einem anderen Treffen sind und ich es hasse zu rasen, hielt ich es so für die praktischste Lösung. Ich bin froh, daß Sie gekommen sind.«

»Kein Problem, Marcello, egal, was dabei rauskommt.«

»*Bene.* Ihr Cousin, Reginald, spricht sehr gut über Sie. Er erzählte mir, daß Sie sich um Ihre Familie und Freunde auf der Insel kümmern. Das ist überaus lobenswert.«

»Ich tu, was ich kann.«

Santos nickte und nahm einen Schluck Whisky.

»Darf ich Ihnen einen Drink anbieten, Romeo?«

»Nein, danke, ich muß noch fahren und es ist bereits spät.«

»Ja, richtig, Also, hier ist mein Angebot. Es ist ganz simpel. In genau achtundvierzig Stunden wird hier, an dieser Stelle, ein Lastwagen vorfahren, ein Kühlraumwagen, der von einem Auto begleitet wird. Der Lastwagen wird mit menschlichen Plazentas beladen sein, die in der Kosmetikindustrie verwendet werden. Man mischt sie in Hautcremes, da sie nach Meinung mancher Leute ein jüngeres Aussehen verleihen. Vielleicht stimmt das ja, vielleicht aber auch nicht. Ich weiß es nicht. Diese Ladung muß so schnell wie möglich an ein privates Labor in Los Angeles geliefert werden. Ich hätte gern, daß Sie den Lastwagen für mich fahren. Auf diese Weise kann ich sicher sein, daß die Fracht in guten Händen ist. Sollten Sie sich dazu entschließen, den Auftrag auszuführen, wird der Fahrer des Lastwagens Ihnen den Wagen übergeben und mit dem Begleitauto wegfahren. Sie müssen nichts anderes tun, als die Fracht bei der Adresse in Los Angeles, die Ihnen der Fahrer geben wird, abzuliefern. Ich habe hier als Vorschuß zehntausend Dollar in alten Scheinen, Fünfziger und Hunderter. Wenn Sie sicher in L.A. angekommen sind, wird Ihr Cousin Reggie da sein und Ihnen weitere zehntausend Dollar aushändigen, ebenfalls in alten Scheinen und in ähnlichen Werteinheiten.«

»Warum lassen Sie nicht einfach Reggie den Laster fahren?«

»Ich brauche ihn für eine Geschichte, die zur gleichen Zeit abgewickelt werden muß wie die Lieferung. Sobald dieses andere Geschäft beendet ist, wird er nach Kalifornien fliegen. Und, werden Sie den Auftrag übernehmen?«

Romeo nickte. »Klar, Marcello. Ich bin gern bereit, Ihnen zu helfen so gut ich kann.«

Santos nahm die billige gelbgefaßte Sonnenbrille ab und blickte Romeo an. Seine Augen waren graugrün mit weiten roten Pupillen, die wie Flammen hüpften und zuckten. Crazy Eyes, irre Augen. Romeo erschauderte unwillkürlich.

»Bene! Molto bene!« sagte Santos und tätschelte Romeo mit den vier Fingern seiner linken Hand das Knie. Er setzte die Sonnenbrille wieder auf und leerte den Rest seines Whiskys.

Darauf ließ Santos ein in den Boden eingearbeitetes Geheimfach aufschnappen, zog ein Päckchen heraus und reichte es Romeo.

»*Buona fortuna, amico mio*«, sagte Santos. »Denken Sie immer daran, daß wir beide, Gott und ich, mit Ihnen sind.«

Romeo nahm das Päckchen.

»Ich werde es nicht vergessen«, sagte er.

Als Adolfo die Schuppentür öffnete, blickte der Junge trotz seiner verbundenen Augen auf und neigte den Kopf in Richtung des Geräu-

DAS HAUS

DER TRÄUME

sches. Sein Mund war mit einem schwarzen Stoff-fetzen geknebelt, seine Hände waren hinter dem Rücken gefesselt und seine Füße mit einer dicken Wäscheleine zusammengebunden. Er gab keinen Laut von sich.

»*Tiene años?*« fragte Romeo.

»*Diez*«, erwiderte Adolfo. »Perdita hat ihn aus-gesucht.«

»Was weißt du über seine Familie?«

Adolfo zuckte die Schultern. »Arm, wie die meisten in Zopilote. Er ist einer von vier Brüdern, glaube ich. Hat zwei oder drei Schwestern. Per-dita sagte, es müsse ein Junge sein. Vielleicht ver-missen sie ihn nicht einmal.«

»Ist Perdita da?«

Adolfo nickte. »Sie trifft die Vorbereitungen für die Zeremonie.«

»Hast du die anderen benachrichtigt?«

»Alle werden sich um zehn Uhr versammeln. Carlos und Teresa reisen aus Mexiko an.«

»Was ist mit der DeLeon-Familie? Und den Acostas?«

»Von Jorgé Acosta habe ich kein Wort gehört, aber es sind alle benachrichtigt.«

71

Romeo wandte sich zum Gehen um, blickte dann aber noch einmal zu dem Jungen zurück.

»Weißt du seinen Namen?« fragte er.

»Seine Familie hat sich darüber nicht groß Gedanken gemacht. Er heißt Juan.«

»*Oiga, Juanito*«, sagte Romeo. »Heute abend um zehn Uhr wirst du unsterblich werden. Weißt du, was das bedeutet?«

Der Junge rührte sich nicht. Romeo bemerkte den dunklen Streifen, der am linken Hosenbein des Jungen entlanglief. Auf dem staubigen Boden neben seinem bloßen linken Fuß befand sich ein nasser Fleck von der Größe eines Eßtellers.

»Macht nichts, wenn du es nicht weißt«, sagte Romeo.

»Es ist etwas, was ein gewöhnlicher Mensch niemals erfahren kann. Du wirst ins Haus der Träume gelangen, Juanito, wo du für immer leben wirst. Deine Mutter und dein Vater, deine Schwestern und Brüder, Großeltern, Tanten, Onkel und Cousins, sie alle wirst du, während sie träumen, bei dir empfangen. Und von all deinen Besuchern wirst einzig du in Sicherheit sein.«

Romeo ging hinaus. Adolfo folgte ihm, schloß die Tür hinter sich und sperrte sie ab.

»Dann ist es also abgemacht. Nach der Zeremonie fahren wir für Santos nach L.A.«

»Ich wollte Kalifornien schon immer mal sehen«, sagte Perdita.

RUHIGE ZEITEN
AUF DER RANCHO
NEGRITA INFANTE

»Duane und ich werden uns am Steuer des Lastwagens ablösen, und du kannst mit Estrellita den Cherokee fahren.«

»Welchen Liefertermin hat Santos genannt?«

»So schnell wie möglich. Er zahlt mir keine zwanzigtausend Dollar für eine Vergnügungstour mit Eselsritt durch den Grand Canyon. Pack jetzt die Sachen zusammen, die du mitnehmen willst, und leg sie in den Jeep. Ich möchte abfahrtbereit sein.«

Perdita lackierte sich gerade die Zehennägel in einem knalligen Pink. Ihre Möse juckte, doch sie wußte, daß Romeo sie nicht ficken würde; vor einer großen Show niemals. So betrachtete sie es nämlich, als eine Aufführung wie im Zirkus. Sie war erst ein einziges Mal im Zirkus gewesen, im Alter von sechs in Corpus. Es war eine kleine Truppe gewesen, etwa ein halbes Dutzend Wagen, und natürlich ein Zelt und eine Manege. Sie hatten eine ungewöhnliche Attraktion gehabt: einen Albino-Tiger. Perdita und ihre ältere Schwester, Juana, waren vor dem Käfig gestanden und hatten das schöne weiße Tier beobachtet, das pausenlos hin- und herlief. Ungefähr alle dreißig Sekunden hatte der Tiger ein leises Knurren ausgestoßen, ein trauriges, verhaltenes Grollen, das sich zu zersetzen schien, sobald es an die Luft gelangte. Dieser Laut, so hatte Perdita gespürt, kam aus dem tiefsten Sein dieses Tieres, das nur auf den geeigneten Zeitpunkt wartete, um seine wahren Gefühle, seine Frustration und seinen verletzten Stolz, herauszulassen. Dann aber würde sein Brüllen so ohrenbetäubend sein, so mächtig, daß alle Menschen im Umkreis vor Angst gelähmt wären, und die riesige weiße Katze würde über sie herfallen und sie auffressen.

Nachdem der Zirkus die Stadt verlassen hatte, hatte Perdita noch wochenlang von dem Tiger geträumt. Breitbeinig stand er dann über ihr, hielt ihren geschmeidigen Mädchenkörper zwischen seinen Beinen gefangen und preßte sie gemächlich mit seinen Tatzen auf den Boden, wobei sein Speichel auf ihr Gesicht tropfte, ehe er schließlich ganz langsam und behutsam ihren Kopf in sein riesiges Maul nahm und mit einem einzigen Biß zermalmte. Dieser Traum machte Perdita keine Angst. Er erfüllte sie vielmehr mit einem warmen Gefühl. In ihrem Traum war das Maul des Tigers heiß und feucht, und seine gewaltigen Zähne, die wie polierte Schwerter schimmerten, durchbohrten ihre Haut und ihre Knochen glatt und schmerzlos. Dann begann der Tiger, sie zu zerkauen, zerlegte Perdita in immer kleiner und kleiner werdende Teile, bis sie schließlich, wenn der Tiger alles verschlungen hatte, aufwachte.

Perdita hatte den Traum nur einem einzigen Menschen erzählt, einem alten Mann namens Pea Ridge Day, der in der Green Ace Tankstelle in Corpus Benzin zapfte. Perdita und Juana gingen immer dorthin, um sich aus dem Automaten NeHi-Sodawasser mit Traubengeschmack zu kaufen, und Pea Ridge, der gewöhnlich in seinem flamingoroten Stuhl saß, unterhielt sich dann mit ihnen. Er erzählte den Mädchen, daß ihn die Leute Pea Ridge nannten, weil er in Pea Ridge, Arkansas, geboren worden war, und daß seine eigentlichen Vornamen jedoch Clyde und Henry seien. Er sagte, als junger Mann habe er als Werfer in der Baseball-Nationalliga für St. Louis, Cincinnati, und für Brooklyn gespielt, je nachdem, wo sie gerade waren. Pea Ridge behauptete auch, er habe vor dreißig Jahren seiner Frau und den Kindern einen Brief hinterlassen, in dem stand, er wolle in die Ozarks gehen, um sich dort umzu-bringen, doch statt dessen sei er hinunter nach Texas ge-trampt, wo er, wie Perdita und Juana ja sehen könnten, noch immer sehr lebendig sei. Nachdem Perdita ihm dann ihren Traum erzählt hatte, redete er nicht mehr so viel mit ihr, und als Juana und sie eines Morgens zur Green Ace Tankstelle gingen, um sich NeHi-Saft zu kaufen, war er ver-schwunden. Perdita gelangte zu der Überzeugung, daß er wahrscheinlich zurück nach Arkansas gegangen war, um noch einmal seine Frau und seine Kinder zu sehen, bevor er tatsächlich sterben würde. Sie glaubte nie wirklich, sein Verschwinden könnte irgendwie damit zusammenhängen, daß sie ihm ihren Traum erzählt hatte, aber dennoch be-schloß sie damals spontan, niemals wieder mit jemandem darüber zu sprechen.

»Ist das für dich in Ordnung, Süße?« fragte Romeo.

Perdita blies auf ihre Zehen.

»Du kennst mich, Baby. Ich reise mit leichtem Gepäck.«

»Wir leben auf der einen Seite des Flusses, der Seite des Großen Lichts. Die andere Seite des Flusses, die Seite der Großen Nacht, ist der Ort,

DIE ANDERE SEITE
DES FLUSSES

an den wir uns hinbegeben müssen. Wir müssen durch den Fluß hindurch in die Große Nacht reisen, damit wir Macht gewinnen zu leben. Wir müssen zum anderen Ufer und wieder zurück. Wir müssen unsere Macht wieder auffrischen, die Macht über unsere Feinde, über diejenigen, die uns in einem Zustand von Schmerz und Leid und Elend halten wollen. Dies ist die Wahrheit, die einzige bekannte Wahrheit, und sie wird uns am Leben erhalten und uns befähigen, unseren Feind zu verschlingen, bevor er uns verschlingt.«

Romeo stand allein in der Mitte des Raumes, die Augen geschlossen und den Kopf in den Nacken gelegt. Vor ihm befand sich ein Altar, der von flackernden Kerzen umstellt war, die die einzige Lichtquelle bildeten. Um den Lichtkreis waren zahlreiche Kreuze verstreut, sowie Modeschmuck, gerahmte Heiligenbilder, Hunde-, Katzen-, Rinder- und Hühnerknochen, Vogelfedern, schwarze Stoffstreifen, Haarballen, Sicherheitsnadeln, mit Milch gefüllte Schüsseln, Silber- und Goldmünzen und Zettel, auf denen Namen geschrieben waren.

An die sechzig Personen drängten sich in den

Raum, sahen zu Romeo hin oder saßen mit geschlossenen Augen da und lauschten konzentriert. Auf dem Boden in nächster Nähe zum Altar saßen Perdita, Estrellita und Duane. Perdita hatte die Arme um sich geschlungen und wiegte sich langsam hin und her. Estrellita und Duane, deren Oberarme mit Wäscheleine eng an ihren Körper gebunden und deren Augenlider mit Klebeband nach oben gezogen waren, so daß sie nicht einmal mehr blinzeln konnten, hielten sich in Taillenhöhe an den Händen.

Adolfo saß links hinter Romeo und trommelte auf beiden Seiten einer sanduhrförmigen Trommel einen monotonen Rhythmus. Romeo zitterte, sein Körper erbebte, um sich gleich darauf schlangenartig zu winden und zu drehen. Er begann zu stöhnen, und während sein Stöhnen lauter und seine Bewegungen konvulsivischer wurden, hoben auch andere Anwesende zu stöhnen an und wanden ihre Körper unter unkontrollierten Zuckungen. Die Temperatur in dem engen Raum stieg ins Unerträgliche. Schweiß brach auf den Gesichtern der Teilnehmer aus, wie auch auf der Stirn, den Wangen und den nackten Armen von Romeo Dolorosa, dem *nanigo,* dem *santero,* dem Magier, dem Hohepriester der Bock-ohne-Hörner-Zeremonie.

Romeo öffnete die Augen und blickte sich um. Seine Augen wurden größer und dann riesig, die Pupillen weiteten sich, so daß sie fast die gesamte Iris ausfüllten. Er begann sich jetzt noch wilder zu schütteln, seine Augen traten hervor und schwollen so gräßlich an, als würden sie ihm jeden Moment herausplatzen. Sein Körper blähte sich auf wie ein riesiger Moskito, der von einem Baby Blut saugte. Adolfo schlug die Trommel härter und stieß, wie mittlerweile die meisten Anwesenden, unkontrollierte Summ- und Stöhnlaute aus.

Die Tür nach draußen öffnete sich, und zwei Männer in weißen Hemden, schwarzen Hosen und schwarzen Kapuzen über den Köpfen erschienen, die auf einer Trage Juan, den kleinen Jungen, hereinbrachten. Nachdem sie die Trage mit dem Jungen auf den Altar gelegt hatten, traten sie zurück und reihten sich in das Publikum ein. Juan hatte die Augen geschlossen und blieb völlig reglos liegen. Er war vollkommen nackt; sein Körper war weiß bemalt und mit süß riechendem Öl und Knoblauch eingerieben. Romeo beugte sich über den Jungen und erbrach sich auf dessen Brust. Juans Augen blieben geschlossen. Nun nahm Romeo vom Altar ein scharfes Messer und hielt es über Juans Hals.

»Shango!« schrie Romeo und schlitzte dem Jungen mit einem Hieb die Kehle durch.

Blut sprudelte in einer Fontäne aus der Wunde wie Erdöl aus einem Bohrloch. Es ergoß sich über Romeo, und als er sich schüttelte, spritzte es auf die ihm am nächsten Stehenden. Juans Beine und Arme zappelten und zuckten, während Romeo in die Luft sprang und tanzte, wobei er immer schrie: »Shango! Shango!« Unter den gebannten Blicken aller Anwesenden kehrte Romeo schließlich zu dem aufgebahrten Körper zurück, bohrte das Messer tief in die Brust des kleinen Juan und sägte und hackte, bis er das Herz des Jungen herausgetrennt hatte. Gleich darauf ließ Romeo das Messer fallen, hob das blutige pulsierende Herz in die Höhe und trank daraus. Sein Gesicht, seine Hände, seine Arme und seine Brust schimmerten rot in dem düsteren bräunlichen Licht.

Romeo ging noch einmal zu dem Körper und griff, nachdem er das Herz auf den Altar gelegt hatte, mit beiden Händen hinein und zog die tropfenden Eingeweide heraus. Die herabbaumelnden Gedärme in den Fäusten, trat er aus dem Kreis heraus und ging zwischen den Teilnehmern herum. Die meisten stießen schrille, spitze Laute aus, wenn der besessene *babalao* seine besudelten Hände

an ihren Lippen und Stirnen abrieb und sie mit Opfer-
fleisch und Opferblut beschmierte. Schließlich kehrte
Romeo in den Kreis zurück und brach zusammen. Adolfo
hörte auf zu trommeln. Augenblicklich erhoben sich die
Leute und verließen fluchtartig den Raum. Während sie
sich in die Nacht hinausschoben, vermieden sie es, einander in die Augen zu sehen.

Nur Perdita, Estrellita, Duane und Adolfo blieben bei
Romeo und bei Juans verstümmeltem Körper zurück. Perdita und Adolfo legten sich auf den Boden und fielen un-
verzüglich in einen tiefen Schlaf. Estrellita und Duane
saßen reglos da, die an den Lidern hochgeklebten Augen
weit offen, die Finger ineinander gehakt und innerlich
erstarrt. Eine kleine gescheckte Katze mit grünen Augen
kam durch die offene Tür herein, ging langsam zu einer
der mit Milch gefüllten Schüsseln hinüber und begann zu
trinken.

»Hast du auch mit den Eltern des Mädchens gesprochen oder hast du nur mit denen des Jungen geredet?« fragte Rip.

EIN WACHSAMES

AUGE

»Ich habe nur Mrs. Satisfy erwischt«, antwortete Fed, »eine gewisse Glory Ann. Sie sagt, das FBI ist bereits an dem Fall dran. Die haben irgendeine Art von Deal mit den Ermittlern vom Rauschgiftdezernat laufen, die schon seit einiger Zeit hinter diesem Romeo Dolorosa her sind. Offenbar hat ihn das Rauschgiftdezernat in Del Rio beschatten lassen, aber er ist ihnen entwischt. Da es nun vermutlich um doppeltes Kidnapping jenseits der Grenze geht, mischt jetzt auch das FBI mit.«

Rip stand vom Schreibtisch auf und ging zum Fenster hinüber. Wegen der Hitze war die Calle Brazo jetzt, um drei Uhr nachmittags, so gut wie ausgestorben.

»Unterschätz diese Jungs nicht, Fed. Wir sind mit ihnen immer gut ausgekommen.«

»Wirst du Ramons Tip über eine Warenübergabe in Junction nachgehen?«

»Gezwungenermaßen. Werde wohl dort heute nacht auf der Highway mein Lager aufschlagen.«

»Lust auf Gesellschaft?«

»Wenn du Lust hast, dann komm, Fed, obwohl ich bezweifle, daß wir dort außer den üblichen

Illegalen und Koyoten irgendwas zu sehen kriegen werden.«

»Aber falls doch, werden wir sie so sicher kriegen wie eine Königsschlange eine Ratte mit Holzbein.«

Um neun Uhr abends brachen Rip und Fed in Richtung Junction auf, das am äußersten südlichen Ende von Larry Lee County, genau fünfzig Meilen südlich von Susie lag. Vor seiner Karriere als Trinker war Ramon Montana Anwalt gewesen, ein recht erfolgreicher sogar, und hatte als solcher laufend Informationen über bedeutsame Vorfälle in Südtexas gehabt. Auch wenn er mittlerweile unter dem Diktat des Alkohols stand, lauschte er nach wie vor aufmerksam, was die Leute redeten und wie sie es sagten, und es gelang ihm, sich etwa an die Hälfte dessen, was er gehört hatte, zu erinnern. Als er in der Bar in El Loco die Castillo-Brüder heimlich belauscht und den Namen Marcello Santos aufgeschnappt hatte, hatte er, obwohl er ziemlich angeschickert war, die Ohren noch mehr gespitzt. Einer der Cousins der Castillos, Pete Armendariz, arbeitete als Soldat für die Santos-Familie. Armendariz hatte vor kurzem die Castillos angerufen und davon erzählt, daß er einen mit Waren beladenen Lastwagen unten an der Junction-Highway abliefern sollte; anschließend wollte er sich dann mit Eddie und Lou treffen. Wie Ramon dem Gespräch der Castillo-Brüder entnahm, freuten sie sich schon auf Petes Besuch.

»Bei Mitarbeitern wie Armendariz«, sagte Fed Phillips zu Rip, »erhält Santos mehr Publicity, als wenn er einen Werbeagenten anheuern würde.«

Rip lachte. »Pete ist nicht gerade der schlaueste der Truppe«, sagte er, als sie in dem nicht gekennzeichneten Ford Crown Victoria gemächlich die Straße entlang kutschierten.

In Junction, das nicht mehr als eine Kreuzung war, die im Norden nach McAllen, im Süden nach Reynosa, im

Nordwesten nach Laredo und im Osten nach Brownsville und Matamoros führte, bog Rip von der Straße ab und fuhr ein paar hundert Meter ins Gestrüpp hinein. Als er sicher war, daß man ihn vom Highway aus nicht mehr sehen konnte, schaltete Rip den Motor aus und verließ zusammen mit Fed den Wagen.

»Laß uns ein Stück zurückgehen und eine geschützte Stelle suchen«, sagte Rip. »Schnapp dir die Thermoskanne vom Rücksitz. Ich habe frischen Kaffee gekocht. Bin gespannt, ob an der Geschichte wirklich etwas dran ist. Wir können nur hoffen, daß uns Ramon kein Säufermärchen aus dem Land der weißen Elefanten aufgetischt hat. Was weißt du eigentlich noch über diese schwarzmagische, drogenschmuggelnde Sekte, die von Cándido Aguilar oder von Zopilote oder von sonstwo aus operiert?«

»Nur, daß der Typ, Dolorosa, der die Show leitet, eine Art übernatürlicher Freak sein soll, der sich in eine Schlange oder einen Jaguar verwandeln kann. Zumindest sagen das die Mexikaner.«

»Nagual.«

»Was ist das denn?«

»Nagual ist ein Schutzgeist mit dem Körper eines Jaguars und dem Kopf eines Menschen. Die Indios glauben, daß sich nur ein *brujo* zu einem Nagual transformieren kann.«

»Was immer er ist, er hat jedenfalls sämtliche Tagelöhner zwischen Corpus und Tampico in Angst und Schrecken versetzt. Ganz Tamaulipas fürchtet sich vor dieser Wildkatze und ihrem Rudel. Er hat Macht über sie, soviel steht fest.«

»Religion ist so ungefähr die stärkste Kraft, die es gibt, Fed. Sie ist letztlich Sex, nur unter einem anderen Namen. Denk nur an all das Unheil, das im Lauf der Geschichte im Namen irgendeiner Religion angerichtet worden ist. Jeder gottverdammte Krieg war ein sogenannter Heiliger Krieg. Man kann mit diesen Leuten, die felsenfest davon überzeugt sind, Gott auf ihrer Seite zu haben, nicht mehr groß diskutieren. Man kann ihnen nur das Kreuz brechen und dafür sorgen, daß sie nie wieder auf die Beine kommen.«

»Mein Daddy, Federal Lee Phillips, pflegte vor seinem Tod oft zu sagen: ›Wenn Gott auch nur ein Fünkchen Gnade hätte, hätte er mich anständig bleiben lassen.‹«

»Der Mann hatte ein Gewissen, Fed. Das bietet einem eine gewisse Zuflucht.«

»Er konnte sich einfach nicht damit abfinden, ein Sünder zu sein und keine Möglichkeit zu sehen, dies zu verhindern. Zu guter Letzt steckte er sich eine Vierundvierziger ins rechte Ohr, in das taube. Du kennst doch die Blackhawk, die ich im Büro in der linken unteren Schreibtischschublade zusammen mit dem *Hustlers* deponiert habe? Das ist die Kanone, mit der er es getan hat.«

Rip blieb stehen.

»Das Gebüsch hier eignet sich am besten als Deckung«, sagte er. »Von hier aus haben wir einen guten Blick auf die Kreuzung.«

»Rip?«

»Ja. Fed?«

»Meinst du, daß ein Mann sich wirklich in einen Jaguar verwandeln kann?«

»Eigentlich nicht, aber ich glaube in diesen grausigen Zeiten ist alles möglich.«

»Dann wäre Dolorosa kein normales menschliches Wesen, Rip, sondern müßte der Teufel selbst sein, der auf die Welt losgelassen wurde.«

Rip zog seinen .375er Smith & Wesson Revolver heraus, überprüfte, ob er voll geladen war, und steckte ihn wieder ins Halfter zurück.

»Wie ich schon sagte, Fed, es würde mich nicht allzu sehr überraschen. Im Moment können wir nichts anderes tun, als ein wachsames Auge auf die Straße zu haben.«

Perdita gefiel die Vorstellung nicht, mit Estrellita die ganze Strecke bis nach Los Angeles zu fahren.

»Warum kann ich nicht mit Duane fahren, und

HARTE BURSCHEN

du nimmst Estrellita im Truck mit?« fragte sie.

»Und wenn er dich überwältigt und den Cherokee klaut?« erwiderte Romeo.

»Wir werden ihn fesseln.«

»Schlechter Vorschlag, *mi amor*. Wenn jemand den Knaben sieht, gibt's Ärger. Ich denke, mit Estrellita kannst du besser umgehen. Sie hat eine Scheißangst vor dir und wird keine linken Touren versuchen. Und Duane wird unter meiner Aufsicht stehen. Vertrau mir, *chica*.«

»Weißt du«, sagte Perdita, während sie sich eine Marlboro anzündete, »ich mag es überhaupt nicht, wenn du mich *chica* nennst. Vielleicht wegen diesem Typen, den ich mal kannte, du weißt schon, ich habe dir von ihm erzählt, Bobby Peru. Er hat mich so genannt. Klar, er ist inzwischen tot, und eigentlich ist es egal, aber trotzdem wäre es mir lieber, du würdest es nicht tun.«

Romeo schlug die Kofferraumtür des Jeep zu, zog aus seiner hinteren Hosentasche ein rot-weißes Taschentuch hervor und wischte sich den Staub von den Spitzen seiner mit Nieten beschlagenen dunkelrot-schwarzen Eidechsenlederstiefel. Anschließend steckte er das Ta-

84

schentuch wieder zurück und lächelte Perdita mit seinem Filmschauspieler-Lächeln an. Seine großen weißen Zähne leuchteten im Mondlicht. Perdita betrachtete ihn. Romeos Zähne sind viel schöner als Bobbys, überlegte sie.

»War mir nicht klar, daß du so sensibel bist, Kleines«, sagte Romeo. »Denkst immer noch an diesen harten Burschen, was?«

Perdita zog tief an ihrer Marlboro, stieß den Rauch in einem dünnen rosa Streifen aus und schnippte den Stummel in Richtung eines Kaktus.

»Hab' ich dir schon mal erzählt, wie er getötet wurde?«

»Nicht, daß ich wüßte.«

»Er überfiel einen Lebensmittelladen in West Texas, und ein Wachmann hat ihn erschossen.«

»Warst du dabei?«

»Nein. Ich habe es später erfahren, aus dem Radio.«

Romeo zuckte die Schultern und hörte auf zu lächeln.

»Das Leben spielt einem manchmal übel mit«, sagte er. »Und du schleppst die Sache nun mit dir herum. Demnach hast du für diesen Peru etwas Ernsteres empfunden.«

»Er war kein wirklich netter Mensch. Es ist nicht einfach zu sagen, was genau zwischen uns war. Aber ich bin über seinen Tod jetzt nicht besonders traurig, wenn du das meinst.«

»Und wenn man mich töten würde, Perdita, würdest du um mich trauern?«

Perdita musterte Romeos Gesicht kurz und wandte dann den Blick ab. Sie dachte an Tony, Juanas Ehemann, und daran, wie er einmal versucht hatte, ihr gewaltsam seinen Schwanz in den Mund zu stecken, während Juana unter der Dusche stand. Wäre es Tony gelungen, ihr den Mund zu öffnen, hätte sie ihn in den Schwanz gebissen, aber es war ihm nicht gelungen. Sobald Juana aus dem

Badezimmer gekommen war, hatte sie es ihr erzählt, und Juana hatte sich ein Küchenmesser geschnappt und es in Tonys linken Oberschenkel gerammt. Perdita konnte sich noch deutlich daran erinnern, wie sich Tonys Gesicht vor Schmerz verzerrt hatte und wie er aus der Haustür zu seinem Eldorado gehumpelt und mitsamt dem Messer, dessen schwarzer Griff grotesk hervorstand, ins Krankenhaus gefahren war. Juana und sie hatten viel darüber gelacht, damals zusammen und später jedesmal, sobald eine von ihnen das Thema erwähnte. Die Vorstellung, wie Tony zu dem Auto gehüpft war, brachte Perdita auch jetzt zum Lachen. Juana und Tony waren tot, und so gab es außer ihr niemanden mehr, der sich an das Ereignis erinnerte und darüber lachte.

»Sollten wir nicht langsam aufbrechen?« sagte sie.

Pete Armendariz stand auf Pillen. Es war ihm
egal, welche Art von Mittel oder Vitamin er ein-
warf, er genoß einfach den Akt als solchen, das

BON VOYAGE

Gefühl der Tabletten, ob
groß oder klein, auf sei-
ner Zunge und danach die köstliche Beigabe aus
Wasser oder Whisky, die ihm die runden oder
länglichen Dinger die Kehle hinunterspülte.
Heute abend hatte Pete sechs Wachmacher ge-
schluckt, genug Speed, um selbst einen großen
Mann wie ihn – einsneunzig, zweiundsiebzig
Kilo – achtundvierzig Stunden am Laufen zu
halten, zusammen mit seinem üblichen Abend-
quantum aus zwölftausend Milligramm Vitamin C; ferner zwölf Dutzend Anti-Streß-Tablet-
ten mit Zink, Kalzium und Magnesium; zweiundzwanzig Nahrungsmittelergänzungspillen, über-
zogen mit einem Konzentrat aus natürlichem
Alfalfa-Extrakt; sowie sechzehn Giant E-ze mit
drei-Fluß-Austernextrakt, um seine Libido anzu-
heizen. Pete war stolz auf seine enorme Lei-
stungsfähigkeit beim Ficken, Kämpfen und
Essen. Er war der festen Überzeugung, daß ihn
die Vitamine fit hielten und jünger aussehen ließen als seine neunundzwanzig Jahre.

Je näher Junction rückte, desto aufgeregter
wurde Pete bei der Vorstellung, in Kürze seine
Cousins, Eddie und Lou, zu treffen. Es war schon
eine ganze Weile her, seit sie drei so richtig

einen draufgemacht hatten. Pete genoß seine Größe, seine Muskeln, seinen riesigen Appetit. Er hatte an der Baylor University in Waco ein Jahr lang als Stürmer in der Footballmannschaft gespielt, war aber dann aus der Mannschaft gefeuert worden, weil er einen Hilfstrainer zusammengeschlagen hatte. Der gute Mann hatte zu eifrig darauf bestanden, daß Pete aufhören sollte, den Leiter der Angriffsformation als ›Arschficker‹ zu bezeichnen. Pete haßte Angriffsspieler, da sie, seiner Meinung nach, den ganzen Ruhm einheimsten, während die Linienstürmer, so wie er, die eigentliche Arbeit machten. Er spielte noch ein weiteres halbes Jahr bei den Red Raiders des Texas Technikums in Lubbock, wurde jedoch auch dort hinausgeworfen, weil er eine Krankenschwesternschülerin, die ihn daran hindern wollte, aus dem medizinischen Zentrum der Universität eine Phiole Darvocet zu stehlen, sexuell attackierte. Nach dem Collage ging Pete nach New Orleans, wo er in drei, vier Kneipen als Barmann arbeitete, bis er schließlich bei der Santos-Familie einstieg.

Pete fuhr den Truck an der nordwestlichen Seite des Highway an den Rand, schaltete die Zündung aus und sprang aus dem Führerhaus. Im selben Moment tauchte direkt hinter dem Truck Dede Peralta in dem Lincoln auf, einem viertürigen Personenwagen mit Glasscheibe zwischen Fahrersitz und Fahrgastraum. Pete ging zur Fahrerseite des Lincoln, und Dede kurbelte sein Fenster herunter.

»Wir sind etwas zu früh«, sagte Dede. »Du hast das Baby ja ganz schön hochgejagt.«

Pete grinste, so daß sich sein *bandido*-Schnauzbart an den Enden leicht kräuselte.

»Will noch 'n paar Leute treffen«, sagte er. »Hab' gehofft, du könntest mich hoch nach Susie fahren, ungefähr 'ne Dreiviertelstunde von hier. Ich fahre dann selbst nach N.O. zurück.«

Dede nickte. »Klar, kein Problem.«

Romeo und Perdita fuhren in dem Cherokee vor und blieben hinter dem Lincoln stehen; auf dem Rücksitz saßen Duane und Estrellita. Romeo stieg aus und ging zu Pete hinüber.

»Ich bin Romeo Dolorosa.«

»Sie sind pünktlich wie 'n Uhrwerk, Mr. Dolorosa«, sagte Pete. »Mr. Santos schätzt das. Mr. Peralta in dem Wagen hier wird Ihnen die Instruktionen überreichen.«

Dede händigte Romeo einen Din-A-4-Briefumschlag aus.

»Die Strecke zur Lieferadresse in Los Angeles ist genau beschrieben«, sagte Dede. »Wenn Sie unterwegs oder in L.A. irgendwelche Schwierigkeiten kriegen, mit denen Sie allein nicht fertigwerden, ist da eine Telefonnummer, die sie anrufen können. Wie sie bereits wissen, wird Mr. San Pedro Sula Sie an Ihrem Zielort erwarten. Mr. Santos sagt, er habe großes Vertrauen in Sie, Mr. Dolorosa. Ich weiß, daß Sie seine Erwartungen nicht enttäuschen werden.«

Romeo sah Rip Ford und Ray Phillips mit gezogenen Waffen aus der Dunkelheit hervorbrechen, noch ehe der Sheriff schrie: »Stehenbleiben, *amigos!* Hände hinter den Kopf!«

Pete warf sich auf den Boden und rollte hinter den Truck, bevor Rip oder Fed abdrücken konnten. Romeo sprang zur Ladefläche, und Dede zog eine neun-Millimeter Heckler & Koch Halbautomatik mit schwarz erworbener Israeli-Munition auf seinen Schoß, drehte sich den Cops zu und bekam eine Kugel zwischen die Augen. Er war sofort tot, doch der Zeigefinger seiner rechten Hand blieb verkrampft auf dem Abzug liegen und feuerte sieben Schuß durch das Dach des Lincoln.

Pete kroch unter den Truck, holte seine .45er Browning Automatik heraus und ballerte los. Romeo hörte einen der Cops aufschreien, danach weitere Schüsse und dann

89

nichts mehr. Er lag hinter dem Lincoln auf dem Boden und wartete auf eine Stimme oder ein Geräusch. Von dort aus, wo er lag, konnte Romeo nicht in das Innere des Cherokee blicken. Er veränderte seine Stellung ein wenig und spähte unter den Truck, doch Pete war nicht da. Romeo wartete weitere dreißig Sekunden, ehe er um das Heck des Lincoln herumkroch. Er blickte zur Windschutzscheibe des Cherokee hinauf, doch es waren keine Gesichter zu sehen. Er vermutete, daß Perdita und die anderen auf dem Boden lagen und keinen Mucks von sich gaben.

Als er vorsichtig um das Heck des Wagens spähte, sah er zwei völlig reglose Körper auf dem Boden liegen. Romeo kroch auf allen vieren zu Rip und Fed hinüber, überzeugte sich davon, daß sie auch wirklich tot waren, und blickte dann zum Truck hinüber, um nach Pete zu suchen. Er lag auf dem Rücken, den Kopf Romeo zugewandt und die .45er noch immer in der rechten Hand. Romeo stand auf und ging zu ihm. In Petes Brust war ein Loch von der Größe eines Silberdollars. Auch er war tot. Romeo nahm Pete die Automatik aus der Hand, kehrte dann zu den Cops zurück und nahm auch deren Waffen und Munitionsgürtel an sich. Er trug die Waffen und Gürtel zum Cherokee und klopfte an das Fenster auf der Beifahrerseite. Perdita hob ihren Kopf vom Sitz.

»Nimm die und verstau sie in der verschließbaren Kassette«, sagte Romeo. »Alle anderen sind tot. Duane, du kommst mit mir in den Truck. Wir sollten jetzt losfahren. Es ist ein weiter Weg, und wer weiß, welche Späße und Spiele die Götter für uns noch bereithalten.«

Perdita zündete sich eine Marlboro an. Estrellita lag zusammengerollt auf dem Rücksitz und weinte und zitterte.

»Eines sag ich dir, Romeo«, sagte Perdita, »wenn sich deine Schlampe da nicht anständig benimmt, wird sie es nicht bis Kalifornien machen.«

Estrellita beobachtete Perdita beim Rauchen. Perdita hatte beide Hände auf dem Lenkrad des Cherokee und dirigierte ihre Zigarette mit Lippen und Zähnen. Wenn sie an der Marlboro zog, hielt sie sie zwischen den Lippen, und wenn sie den Rauch ausstieß, klemmte sie die Zigarette zwischen die Zähne. Perditas schwarzes Haar fiel offen über die Schultern ihres magentaroten T-Shirts. Sie trug eine schwarze Baumwollhose und ledergeflochtene Sandalen. Die großen silbernen Kreolen, an denen jeweils ein dünnes rotes Bändchen befestigt war, waren von ihren Haaren verdeckt. Romeo hatte ihr erzählt, daß ein am Körper getragenes braunes oder rotes Stück Stoff die Macht der Feinde neutralisieren würde, indem es ihnen die Macht entzog wie ein Erdungskabel, das die Elektrizität in die Erde leitete.

»Wie lange rauchst du schon?« fragte Estrellita.

Perdita gab keine Antwort. Sie fand Estrellita nicht direkt unsympathisch; sie war ihr einfach nur egal.

»Ich habe es nur zweimal ausprobiert«, fuhr Estrellita fort. »Das erstemal in dem Sommer vor Beginn der High School. Ich war bei Thelma Acker, und ihre Eltern waren ausgegangen. In einer Küchenschublade fanden wir eine angebrochene Packung Pall Mall von ihrer Mutter, und so haben wir eine geraucht. Eigentlich nur eine halbe. Ich habe ungefähr dreimal gezogen und mußte jedesmal wie wahnsinnig husten. Das zweitemal war vor etwa einem Monat. Auf einer Sig-Chi-Party habe ich eine Sherman probiert. Hast du die schon einmal geraucht? Sie sind schwarz und schmecken irgendwie süßlich. Na ja, aber Spaß hat es mir auch diesmal nicht gemacht, obwohl ich weniger husten mußte als bei der Pall Mall.«

Perdita zog ein letztes Mal tief an ihrer Marlboro und drückte sie dann im Aschenbecher aus.

»Ich weiß schon, daß ich Quatsch rede und daß du mich haßt«, sagte Estrellita, »aber ich habe so schreckliche Angst, und mir fällt nichts anderes ein. Ich rede immer viel, wenn ich nervös bin. Redest du auch viel, wenn du nervös bist? Bist du überhaupt jemals nervös? Und wirst du jemals mit mir sprechen?«

Perdita blickte rasch zu Estrellita und gleich darauf wieder nach vorn, auf die Straße.

»Du wirst uns letzten Endes doch umbringen«, sagte Estrellita. »Das stimmt doch, oder? Duane ist in Wahrheit nicht besonders schlau. Ich hoffe, das weißt du. Ich meine, er ist imstande, sich allein die Hose anzuziehen, aber er versteht Leute wie euch nicht.«

Perdita grinste unmerklich. »Und du schon?« fragte sie.

»Ich glaube, Romeo und du, ihr seid unwahrscheinlich gestörte Individuen ohne jede Moral. Ihr seid die verdorbensten Geschöpfe auf dem Planeten. Ich weiß, du wirst mich bald umbringen, also kann ich das sagen. Meine einzige Hoffnung ist das nächste Leben, das sagt nämlich meine Tante Crystal Rae Satisfy immer. Jetzt begreife ich, daß sie damit absolut recht hat, daß dies die reine Wahrheit ist. Auf dieser Erde gibt es zuviel Häßliches, überall wimmelt es von seelenlosen Ghulen.«

»Was ist ein Ghul?« fragte Perdita.

»Was du und Romeo seid. Durch und durch böse Personen. Personen, die auch Leichen schänden.«

Estrellita biß sich auf die Unterlippe, weinte jedoch nicht.

»Und wer bitte brachte dich auf die verrückte Idee, daß du Gottes vollkommenes Kind bist?« sagte Perdita. »Nennt dich Romeo etwa *Santa* Estrellita, wenn du ihm einen bläst? Er sieht immer gern den religiösen Aspekt. Ich sag dir eines, Miss Satisfy, Schätzchen, du hast recht. Wäre es nach mir gegangen, würdest du jetzt in dieser Wüste zusammen mit den anderen begraben sein. Dein Leben verdankst du einzig deiner blonden Muschi, also solltest du sie so gewinnbringend wie möglich einsetzen. Mädchen wie du haben eine Art von Krankheit, die nur durch Ermorden geheilt werden kann. Mädchen wie du quatschen ständig über Liebe und das Gute und all diesen Scheißdreck, obwohl du genauso bist wie ich, nichts weiter als irgendeine Schlampe aus der Unterschicht.«

»Denkst du das wirklich? Daß wir dieselbe Art von Mensch sind?«

»Konnte bisher nichts Gegenteiliges feststellen.«

»Nun, damit liegst du völlig falsch, und es macht mir auch nichts aus, dir das zu sagen. Gott mag die Menschen vielleicht gleich geschaffen haben, aber danach sind sie auf sich selbst gestellt.«

Perdita lachte. Sie schüttelte eine weitere Marlboro aus der Schachtel, steckte sie sich zwischen die Lippen und schlug mit der Faust auf den automatischen Anzünder. Dabei hielt sie den Blick unvermindert auf die signalroten Rücklichter des Trucks gerichtet.

»Ein Mensch weiß niemals, wer er ist, bis es ihm jemand erzählt, der mehr weiß«, sagte Perdita. »Ein Mensch, der nicht zuhört, wird es vielleicht nie erfahren und ein Leben

lang hinhören müssen. Romeo kann Menschen gut ein-
schätzen.«

Der Anzünder sprang heraus, und Perdita nahm ihn und
zündete ihre Zigarette daran an.

»Klar, er ist eine Art Hochstapler«, sagte sie, »aber er hat
grenzenlose Einblicke in alles. Er hat die Macht, Menschen
in seinen Bann zu ziehen.«

»Er ist schrecklich«, sagte Estrellita. »Ihr seid beide so
schrecklich, wie es wahrscheinlich nicht einmal Gott für
möglich hält.«

Perdita stieß lachend den Rauch aus.

»Gott, ha! Nimm nicht alles so ernst, *gringa*. Du wirst
sehr bald sehen, wieviel Ihm an dir liegt.«

Romeo drehte das Radio an. Gerade war Ernest Tubb mit dem Song »When a Soldier Knocks and Finds Nobody Home«.

DAS LEBEN
DER HEILIGEN

»Das ist eines der Lieblingslieder von meinem Daddy«, sagte Duane. »Es ist ziemlich traurig. Er hat es uns immer vorgesungen, als mein Bruder, Herschel Roy, und ich noch klein waren. Das und Jimmie Rodgers Lieder, wie zum Beispiel ›Why Should I Be Lonely‹ und ›Somewhere Down Below the Dixon Line‹.«

Romeo behielt eine konstante sichere Geschwindigkeit bei, während er den Truck weiter in Richtung Westen lenkte.

»Mir hat immer ›My Darlin' Clementine‹ sehr gefallen«, sagte Romeo. »Ich habe auch diesen alten Film gesehen, wo der Sheriff, Wyatt Earp, sagt: ›In dieser rauhen Stadt ist es für 'n Mann schwierig, 'ne entspannte Partie Poker zu spielen‹, nachdem Doc Holliday einen Betrüger aus dem Tombstone Saloon verjagt hat. Der beste Spruch stammt aber von Walter Brennan, der Pa Clanton spielt, den Vater der übelsten Burschen in der Gegend. Als Earp die Söhne einlocht, weil sie einen Handlungsreisenden mißhandelt haben, kommt Brennan an, verdrischt sie mit der Reitpeitsche und sagt dann: ›Wenn man eine Waffe *zieht,* soll man auch jemanden erschießen.‹ Das ist wunderbar, Duane.

Und auch die Stelle, als der Heilige Sankt Henry Fonda, der Wyatt Earp ist, um drei Uhr morgens aus dem Hotel in den strömenden Regen hinausgeht, in der Nacht, als sein jüngster Bruder getötet worden war, und wie er dann, weg von der Kamera, allein durch die mit Planken belegte Straße wandert, und alles ist nur noch grau und schwarz, wie im wirklichen Leben.«

Duane blieb stumm und blickte auf die draußen vorbeihuschenden Schatten, während der Truck mit seiner gekühlten Fracht aus mehr als zweitausend Pfund nachgeburtlicher Fleischbrocken den Osten von Texas allmählich hinter sich ließ.

»Mann, ich entsinne mich noch, wie ich mit siebzehn in Tampa, Florida, im Haus meiner Großmutter war und dort *Vera Cruz* im Fernsehen gesehen habe. Allein die Art, wie der Heilige Sankt Burt Lancaster dreinschaute und redete, hat mein ganzes Leben verändert. Er hatte an die einhundertacht strahlend weiße Zähne und trug irgendein staubiges schwarzes Outfit und dazu einen schwarzen Hut mit Zugband, ein schwarzes Lederarmband und einen schwarzen Coltgürtel mit Silbernieten und einen Revolver mit Perlmuttgriff, der um seinen rechten Oberschenkel geschnallt war. Hast du den Film mal gesehen, Duane?«

Duane schüttelte verneinend den Kopf und starrte aus dem Fenster. Bei Nacht sah die Wüste wie ein Tigerfellteppich aus.

»Sankt Burt ist ein Gesetzloser«, fuhr Romeo fort, »der in der Zeit von Kaiser Maximilian in Mexiko mitmischt und sich mit dem Heiligen Sankt Gary Cooper zusammentut. Sankt Coop spielt einen ehemaligen Konföderierten-Oberst aus Louisiana, der keinen Bock darauf hat, unter Yankee-Gesetz zu leben, und so faßt er den Plan, sich genügend Knete zu verschaffen, um die Rebellensache zu refinanzieren. Sankt Burt ist der größte lebende Revolverheld. Er kann mit jeder Hand gleich gut schießen, sogar mit der Rückhand. Er und Sankt Coop und ihre Truppe verbünden sich mit Maximilian, nicht mit Juarez, weil der Kaiser besser bezahlt. Sie erklären sich bereit, eine französische Komteß in ihrer Kutsche nach Vera Cruz zu eskortieren. Der Witz an der Sache ist, daß in der Kutsche eine Goldladung versteckt ist, und auf die sind natürlich alle scharf. Einer von Juarez' Generälen, Ramirez, zieht eine super Show ab, als er Sankt Burt und seine Männer auf den Stadtmauern eines Platzes umzingelt. Beim Anblick von Ramirez' riesiger Bauernarmee schmeißt Burt Löwenkopf nach allen Seiten, und als unser schwarzgewandeter Heiliger merkt, daß er in der Falle sitzt, schickt er ein wunderbares Grinsen in die Runde, und geblendet von dem Leuchten, hält die Welt den Atem an. Die Szene gleicht einem Gemälde von Velasquez.

Sankt Burt heißt Joe Erin, Sankt Coop heißt Ben Train. Joe ist wendig, grob, aufbrausend, für den Überlebenskampf geschult durch den alten Ace Hannah, dem Mann, der Joes Vater niedergeschossen hat. Und Joe besteht darauf, Ben in allen Einzelheiten zu erzählen, wie und wann er es Ace heimgezahlt hat. Ben Train ist elegant, älter, umgänglicher. Da gibt es diese grandiose Szene, in der Joe über Ben sagt: ›Ich vertraue ihm nicht. Er mag die Menschen, und auf so einen Mann kann man sich niemals verlassen.‹ Joe bekleckert sich mit Wein, wenn er aus einem Glas trinkt. Ben spricht Französisch und bezaubert die Komteß, was Joe natürlich gar nicht gefällt. Die beiden sind einfach ein prima Paar.

Joe Erin ist der Typ Mann, der ich sein wollte; hart, mutig und gefährlich, und das ganze gepaart mit der Eleganz von Ben Train. Am Ende von *Vera Cruz* nähert sich Sankt Burt diesem Ideal, als er und Sankt Coop ihren Showdown haben. Sankt Burt wirbelt seine Pistole ein letztes Mal ins

Halfter, ehe er schließlich zusammenbricht und mit einem letzten strahlenden Grinsen durch die Kugel des zögerlichen, aber besseren Schützen Ben Train verendet. Ein dramatisches Ende, Duane, das perfekteste Ende für einen Mann. Es ist der Pfad zur Heiligkeit.«

»Du wirst uns erschießen«, sagte Duane, während er sich Romeo zuwandte, »und zwar nachdem wir die Westküste erreicht haben. Richtig?«

Romeo stieß einen leisen Pfiff aus, biß die Zähne zusammen und grinste.

»Bei diesem Teil sind wir noch nicht«, sagte er. »Es gibt kein Drehbuch wie für einen Film. Schlage vor, wir versuchen uns unterwegs irgendwie zu arrangieren, *amigo,* meinst du nicht auch?«

»Das wäre mir lieb.«

»Dachte ich mir.«

»Als ich zwölf Jahre alt war«, erzählte Estrellita, »saß ich mit meiner Mama, meiner Freundin Daisy Samples und ihrer Cousine Cutie Lewis an

KOMMUNION

einem Sommerabend auf der Veranda, und während wir uns unterhielten, kam der Pfarrer mit seiner Frau und zwei oder drei Kindern sowie einem verwandten Pärchen vorbei, um herauszufinden, warum unsere Familie in letzter Zeit nicht in der Kirche gewesen war.

›'n Abend, Mrs. Satisfy‹, sagte der Pfarrer. ›'n Abend, Estelle. 'n Abend alle anderen.‹ Wir sind Baptisten, sowas in der Art jedenfalls. Was ich damit sagen will, ist, daß wir alle keine großen Kirchgänger mehr sind. Als ich noch ein ganz kleines Kind war, gingen wir öfter, vielleicht zwei-, dreimal im Monat. Aber so ungefähr um diese Zeit herum war es wohl, daß wir uns immer mehr von der Kirche entfernten.

Na ja, jedenfalls labert der Pfarrer darüber, wie schrecklich feucht die Luft ist und wieviele Moskitos es gibt und so weiter, und seine mißratene Brut langweilt sich natürlich zu Tode und beginnt sich zu treten und zu kratzen und zu raufen, die Mutter beruhigt sie, und das debile Pärchen spaziert in verschiedenen Richtungen davon. Und dann fragt der Pfarrer Mama, warum wir in jüngster Zeit nicht in der Kirche waren, und sie erzählt ihm, daß es zwischen ihr und

Ernest Tubb ziemlich gekriselt hätte, wir aber demnächst wieder kommen würden, wahrscheinlich sogar schon den kommenden Sonntag.

Dann fragt er Daisy Samples, ob sie auch Interesse hätte, am Sonntag zu kommen, und Daisy sagt: ›O nein, Pfarrer, ich bin Katholikin.‹ Na, und das nimmt dem Pfarrer den Wind aus den Segeln, weil du weißt ja, wie sehr die Baptisten die Katholiken hassen. Trotzdem lächelt er weiter und wendet sich Daisys Cousine, Cutie, zu, doch ehe er sie fragen kann, wirft Glory Ann, meine Mama, ein: ›Ich glaube kaum, daß Sie Cutie in ihrer Kirche haben wollen, sie ist nämlich halb Katholikin, halb Jüdin.‹

Wow! Beim Wort *Jüdin* trifft den guten Mann förmlich der Schlag, und er beginnt sofort, seine Schäfchen in den Wagen zurückzutreiben, tippt an seinen zerbeulten grauen Schlapphut mit dem Schweißlederband um die Mitte und sagt zu Mama und mir, er erwarte uns in der Kirche. Ich kann mich aber nicht erinnern, ob wir in derselben Woche gegangen sind oder nicht.«

Perdita hielt ihren Blick auf die Straße gerichtet.

»Wir waren katholisch«, sagte sie.

»Bist du oft in die Kirche gegangen?«

»Ja, als Kind. Hat mich aber nicht sonderlich beeindruckt, jedenfalls nicht so, wie meine Schwester Juana. Sie war ganz begeistert davon, bis ihr unser Nachbar, Cruz Fierro, erzählte, daß die Nonnen ihre eigenen Babies aufessen.«

Estrellita sah kurz zu Perdita hinüber und dann aus dem Beifahrerfenster. Blaue Zacken fraßen sich wie Haifischzähne in die schwarze Wolkenwand.

»Was soll das bedeuten, sie essen ihre Babies?«

»Um Beweismaterial zu vernichten, damit niemand sie findet. Hätten sie die Babies nur begraben, hätte sie vielleicht jemand wieder ausgebuddelt. Cruz war ein Stricher oben in Huston, und obendrein ein Junkie, aber er war kein Lügner. Das Dope hat ihn umgebracht. Er hat es mit einem Priester getrieben, und von dem erfuhr er, daß eine Nonne, die ein Baby bekam, gezwungen wurde, es selbst aufzuessen. Quasi als Strafe. Jedenfalls hat es Juana den Wunsch, eine Braut Gottes zu werden, gründlich ausgetrieben. Statt dessen heiratete sie dann dieses Arschloch Tony.«

Perdita lachte. »Juana hätte lieber Nonne werden sollen«, sagte sie, »selbst wenn sie irgendwann gezwungen worden wäre, ihr eigenes Kind aufzuessen. Aber vielleicht wäre sie dann noch am Leben.«

Woody Dumas, Sonderbevollmächtigter der U.S.-Drogenbehörde und Leiter der regionalen Dienststelle in Dallas, lehnte sich in seinem Stuhl zurück und legte die Füße auf den Schreibtisch. Er riß eine Jumbo-Packung gesalzener Erdnüsse auf, die er, während er sprach, aufknackte und geräuschvoll kaute.

DIE WELT

UND ALLES, WAS

IN IHR IST

»Ich kann Sie laut und deutlich hören, Doyle«, sagte Woody in das zwischen seine linke Wange und Schulter geklemmte Telefon, »ist nicht nötig zu schreien. Man braucht kein Genie zu sein, um draufzukommen, daß Santos an oberster Stelle mitmischt. Habt ihr FBI-Größen etwa vorher noch nie von ihm gehört? Okay, okay, Mr. Cathcart, Sir! Sobald ich die drei Eichhörnchen im Visier habe, werde ich es Sie wissen lassen. Ich vermute ja, daß sie in der Gegend um El Paso irgendeine *maquila* haben, könnte aber auch sein, daß sie die Waren bis an die Westküste transportieren. Ich habe meine besten Spürnasen auf sie angesetzt, also überstürzen Sie jetzt nichts. Darauf können Sie wetten Doyle, alter Junge. *Adios* für heute, okay?«

Woody legte auf, knackte eine weitere Erdnuß und warf sie sich in den Mund. Vor einem Tag war er fünfzig geworden, doch er sah zehn Jahre jünger aus. Er hatte noch immer den ganzen Kopf voller dicker sandbrauner Haare und so gut wie keine Falten im Gesicht. Woody Dumas hatte nie geheiratet und war auch nie versucht gewesen, diesen Schritt zu tun. Mit seinen ein Meter fünfundachtzig und seinen zweiundneunzig Kilo bevorzugte er einen eher gemächlichen Lebensstil, schluckte täglich mit seinem Orangensaft eine Vitaminpille, vermied Süßigkeiten und Kaffee, trainierte dreimal die Woche im DownTown Fitneßcenter mit Geräten und Gewichten und schlief jede Nacht mindestens sechs Stunden. Seine Lieblingslektüre war der Sportteil der Tageszeitung. Woody hielt nichts davon, sich das Hirn mit unnötigen Informationen vollzustopfen. Seiner Ansicht nach war das Leben kompliziert genug und mußte nicht zusätzlich durch einen Haufen unausgegorener Gedanken erschwert werden.

Woody wußte, daß Crazy Eyes Santos hinter dem Plazenta-Geschäft stand, wie er auch bei praktisch jedem größeren illegalen Unternehmen im Süden und Südwesten mitmischte. Die Mexikaner hatten ihn als Abnehmer für den Großteil des Kokains und Marihuanas, die über die Grenze geschmuggelt wurden, verpflichtet, und Doyle Cathcart, der FBI-Sonderbeauftragte in Houston, war fest davon überzeugt, daß Santos sein Drogen-Netzwerk auch für den Transport von Versuchsstoffen für die kosmetische Industrie benutzte. Woody hatte erfahren, daß in der Gegend um die Grenze noch einige andere üble Dinge abliefen in Form von pseudo-religiösen Kulten jeder Art, die auch vor Tier- und Menschenopfern nicht zurückschreckten.

Um exakt sechzehn Uhr dreißig schwang Woody Dumas seine braun-weißen Tony-Lama-Stiefel von der Schreibtischplatte herunter, warf die Erdnußpackung auf den Schreibtisch und stand auf. Er klopfte seine Kleidung aus, nahm seinen weißen Stetson vom Hutregal, setzte ihn auf und rückte ihn zurecht. Woody war der Überzeugung, daß es heutzutage mehr Schlechtigkeit in der Welt gab, als jemals zuvor in der Geschichte. Beim Verlassen des FBI-Gebäudes kam ihm ein Zeitungsbericht aus der *Morning News* in den Sinn; es ging um einen Zwischenfall, der sich in San Francisco kurz nach dem jüngsten Erdbeben abgespielt hatte. Ein Mann namens DeSota Barker hatte an einer belebten Kreuzung den Verkehr dirigiert, nachdem der stadtweite Stromausfall sämtliche Ampeln lahmgelegt hatte, und ein ungeduldiger, vermutlich übergeschnappter Autofahrer hatte auf ihn geschossen und ihn getötet. Barker war anschließend als eines der Erdbebenopfer registriert worden.

Je mehr Dinge man zu bedenken hat, überlegte Woody, desto mehr bedenkt man falsch.

Er schob sich hinter das Lenkrad seines braunen 1978er Malibu Classic und warf den Motor an. Während der Motor im Leerlauf brummte, saß Woody da und dachte an Salty Dog, den Airedale, den er als Junge gehabt hatte. Als Woody vierzehn gewesen war und der Hund vier, hatte Salty innerhalb einer Woche zwei alte Damen gebissen – die eine, als sie ihren Rasen wässerte, die andere, als sie die Stufen zu ihrem Haus hinaufging. Vorher hatte er noch niemals jemanden gebissen, doch das Kreisgericht ließ Salty abholen und einschläfern. Woody verstand selbst nicht, warum er jeden Tag um diese Uhrzeit an Salty Dog denken mußte. Er war jetzt sechsunddreißig Jahre her, seit sie Salty vergast hatten, und seitdem war die Welt einfach nicht mehr in Ordnung.

»Hast du mir nicht erzählt, du hättest früher hier gelebt?« fragte Romeo Perdita.

Sie befanden sich beim Tanken an der Rim City Truck-o-Rama. Es war noch nicht ganz sechs Uhr morgens. Perdita blickte sich um. Ein scharfer Wind kam auf und blies Sand in ihr Gesicht. Sie setzte ihre Sonnenbrille auf.

DER GROSSE TAG

»Nicht ganz so weit draußen«, sagte Perdita.

Sie zog eine Marlboro aus dem Päckchen, das im vorderen Bund ihrer Wrangler steckte, und schob sie sich zwischen die Lippen, machte jedoch keine Anstalten, sie anzuzünden. Langsam ging sie zu der Stelle hinüber, wo die Fernlastwägen mit nachtfeuchten metallenen Flanken ihrer neuen Etappe entgegendösten. Sie trat gegen eine Masse aus rotem Schlamm, die sich auf einem der riesigen Reifen verklumpt hatte.

»Wie geht's?«

Perdita drehte sich um. Es war Duane. Sie hatte die nicht brennende Zigarette noch immer im Mund, und Duane zog nun ein Streichholzbriefchen aus seiner Tasche und gab ihr Feuer. Er beobachtete, wie Perditas glattes schwarzes Haar von ihren Chiricahua-Wangenknochen zurückflog wie der Schweif eines Rennpferdes, das im gestreckten Galopp durch die Ruidoso Downs jagte. Die aufgehende Sonne malte rote Streifen auf ihr Haar.

»Was meinst du?« fragte Duane. »Werden wir direkt durchfahren?«

»Romeo wird wahrscheinlich tagsüber schlafen und nachts fahren wollen. Glaubst du denn, daß du und die kleine Giftnatter uns irgendwie entwischen könnt?«

Duane lachte halbherzig. »Nein, eigentlich nicht.«

»Denkst du manchmal, uns könnte jemand beobachten?« fragte sie.

»Wer sollte uns beobachten?«

Perdita zog noch einmal tief an ihrer Marlboro und schnippte sie dann weg.

»Ich meine, irgendeine Art superintelligentes Wesen. Jemand, der unsichtbar ist wie ein Geist. Jemand, der alles weiß, was passiert.«

»Könnte schon sein. Klingt allerdings so, als würdest du über Gott sprechen.«

Perdita schüttelte den Kopf. »Das ist kein Gott.«

»Warum können wir ihn aber nicht sehen?«

»Er wird pünktlich zu seiner Zeit erscheinen. Wenn der große Tag anbricht, und das wird sehr bald sein.«

»Was wird an dem großen Tag geschehen?«

»Schlangen und Spinnen werden auf die Menschen regnen.«

»Hab' gehört, daß nach dem Hurrikan letzten Monat in South Carolina alles voller Schlangen war. Der Sturm hat sie aus den Sümpfen herausgewirbelt.«

»Am großen Tag wird es viel schlimmer sein. Er weiß, was wir tun, was jeder einzelne von uns tut. Es gibt niemanden, der unbefleckt ist, nicht du, nicht ich, nicht Estrellita.«

»Oder Romeo.«

Perdita nickte. »Der Himmel wird auch auf ihn herabfallen. Vielleicht sogar besonders auf ihn.«

Die Sonne war aufgegangen und zerschnitt die Kälte.

»He, ihr beiden Turteltäubchen!« schrie Romeo von der Benzinzapfstelle herüber. »Laßt uns ins Café gehen und frühstücken.«

Sie saßen alle vier in einer Nische. Aus der Jukebox ertönte Bill Monroe mit: »A Fallen Star.« Nachdem sie ihre Bestellung aufgegeben hatten, ging Romeo zur Kasse hinüber, kaufte eine *San Antonio Light,* kam zurück und setzte sich wieder.

»He, das ist 'ne gute Story«, verkündete er, »über einen Kerl namens Bubba Ray Billy, ein Sträfling in Angola, Louisiana, der gestern auf dem elektrischen Stuhl verbrutzelte. Offenbar hat dieser Billy, er war sechsundzwanzig, ein achtzehnjähriges Mädchen namens Lucy Fay Feydaux vergewaltigt und mit siebzehn Messerstichen getötet. Hier steht, daß Bubba Ray vor vier Jahren die kleine Lucy Fay in seinem 1954er blauweißen Oldsmobile Holiday auf einer Landstraße außerhalb von Opelousas aufgelesen hat. ›Er muß sie gegen ihren Willen mitgenommen haben‹, meinte die Mutter des Mädchens, Mrs. Irma Feydaux. Lucys Vater, Mr. Archie Bob Feydaux, wohnte der Hinrichtung bei und erzählte den Reportern, daß seine Frau und er Befürworter der Todesstrafe seien und vier Jahre auf diesen Tag gewartet hätten.«

Während Romeo vorgelesen hatte, war ihr Frühstück eingetroffen. Romeo kippte rasch seinen Orangensaft und eine halbe Tasse Kaffee hinunter, ehe er damit fortfuhr, den Zeitungsbericht auf seine Art wiederzugeben und zu zitieren. Perdita behielt ihre Sonnenbrille auf und rauchte sich durch das Frühstück, während Duane und Estrellita mit gesenkten Köpfen ihre Eier, Toastbrote, Würstchen und Hafergrütze aßen.

»Und so schnallten die guten Jungs oben in Angola Bubba Ray Billy an die Grausige Gertie«, sagte Romeo, »an den großen elektrischen Stuhl aus Eichenholz, und erlösten Archie Bob und Irma von ihrem langen Warten. Nach dem, was sie hier schreiben, war Billy eine wirklich fiese Ratte. Er hatte sich im Todestrakt einen Sensenmann auf die Brust tätowieren lassen und gestanden, mindestens zwei weitere Morde verübt zu haben. Außerdem erklärte er sich schuldig für die Entführung und den Mordversuch an einem Jugendlichen aus Poplarville, Louisiana, und für die Vergewaltigung der Freundin des Jungen.

›Ich laufe vor nichts davon‹, sagte Billy. ›Die Leute bezeichnen mich als Tier, aber das würden sie mir nicht ins Gesicht sagen. Ich sehe mich nicht als ein Tier an‹, erklärte er den Reportern, ›sondern als einen kalten Menschen.‹ Ein eigenwilliger Knabe, findest du nicht, Perdita, Schätzchen? He, hört euch das an: Sein Daddy, Guinn ›Boss‹ Billy, verbrachte achtundzwanzig seiner fünfundfünfzig Jahre im Knast wegen Viehdiebstahl, schwerer Körperverletzung und Mord. Als er von der Presse über seine Gefühle hinsichtlich Bubba Rays bevorstehender Hinrichtung gefragt wurde, meinte Billy Boss nur, daß seine Nachtruhe dadurch nicht gestört sei und sein Sohn den Tod verdient habe.«

Romeo pfiff leise durch die Zähne.

»Mann, der Daddy des Jungen ist offenbar ein noch härterer Brocken. Hier, der letzte Teil ist der beste. Bubba Ray redete am großen Tag wohl nicht sonderlich viel. Er aß eine Henkersmahlzeit aus gebratenen Austern und Shrimps, obwohl ihm, wie er sagte, eigentlich nicht nach essen zumute war. Als ein Reporter ihn fragte, weshalb er dann trotzdem seinen Teller leergegessen hätte, lächelte Billy nur leicht und sagte: ›Manche alten Gewohnheiten sind einfach nicht auszumerzen.‹«

Romeo legte die Zeitung weg, spießte ein Stück Butter auf sein Messer, gab es in seine Schüssel mit Hafergrütze, kippte ein halbes Glas Milch darüber und winkte die Kellnerin herbei, eine ältere lahme Mexikanerin mit einem halb geschlossenen Auge.

»Señora«, sagte er, als sie angehumpelt kam, »ich wäre Ihnen sehr verbunden, wenn Sie für mich etwas Melasse auftreiben könnten, um diese Getreidespeise zu süßen. Ohne Melasse schmeckt Hafergrütze einfach nicht so, wie sie schmecken sollte.«

»Das Übliche, Mr. Dumas?«

»Wenn möglich, hätte ich gern noch etwas Eis dazu, Sherry Louise. Ist ziemlich warm heute.«

EIN BESUCH
IM SPARKY &
BUDDY'S

Woody lockerte seine Krawatte und krümmte den Rücken. Er saß sonst nicht gern auf Stühlen, aber heute abend fühlte er sich aus irgendeinem Grund ungewöhnlich matt. Normalerweise stand er an der Theke. Es war ein ruhiger Abend im Sparky & Buddy's; außer ihm waren nur zwei andere Gäste da.

»So, da wären wir, Mr. Dumas. Ein großes Glas Preiselbeersaft und Soda mit einer Orangenscheibe, zwei Maraschinokirschen und extra Eis.«

»Sie sorgen gut für mich, Sherry Louise. Das weiß ich sehr zu schätzen.«

Woody schob ihr über die schwarze Mahagoniplatte eine fünf-Dollar-Note zu.

»Das ist für Sie«, sagte er.

»Es ist mir immer eine Freude, Sie zu bedienen, Mr. Dumas.«

Woody sah Louise nach, wie sie ans andere Ende der Theke zurückging. Sie hatte einen staksenden Gang wie eine Giraffe. Trotz ihrer flachen grünweißen New-Balance-Laufschuhe, die sie während der Arbeit trug, war sie gute eins-

achtzig groß. Ihr leuchtend rotes Haar war zu einer Hoch-
frisur aufgetürmt, wodurch sie noch einmal an die zehn
Zentimeter größer wurde. Groß und *mucho* dünn, zu
dünn für seinen Geschmack, überlegte Woody. Sherry
Louise sah aus wie eine Rohrstange mit einem Vogelnest
auf der Spitze. Dafür war sie aber besonders süß, und
auch Sparky meinte, sie sei die zuverlässigste und freund-
lichste Barkeeperin, die sie jemals hatten. Ihr Ehemann,
Eddie Dean Zernial, ein ehemaliger Stock-Car-Fahrer, war
Teppichleger. Sherry Louise ließ sich ständig darüber aus,
wie zerschunden Eddies Knie und Rücken sowohl von Kol-
lisionen beim Stock-Car-Rennen, als auch vom Teppich-
legen waren, was jedoch, wie sie Woody eines Abends
anvertraut hatte, ihr Sexleben nicht mehr beeinträchtigte,
seit sie Geschmack an der Reiterstellung gefunden hatte.
Woody hatte die Vorstellung, mit Sherry Louise ins Bett zu
gehen, einige Schwierigkeiten bereitet. Und das war auch
besser so, dachte er; ein Thema weniger, über das er sich
Gedanken machen mußte.

Ein kleiner gedrungener Mann um die Vierzig kam herein und nahm links von Woody zwei Stühle weiter Platz. Er
schwitzte heftig und nahm von der Bar eine Papierser-
viette, um sich den Schweiß von seinem nahezu kahlen
Schädel zu wischen. Sherry Louise lächelte Woody zu, als
sie an ihm vorbeiging.

»Was kann ich für Sie tun, junger Mann?« fragte sie den
Mann.

Er hob seine rechte Hand und deutete eine drei Finger
breite Menge an.

»Wild Turkey«, sagte der Mann, »pur. Und zum Nach-
spülen Wasser mit viel Eis.«

»Sieht aus, als brauchten heute alle Männer eine Ab-
kühlung«, sagte Sherry Louise. »Ich finde es gar nicht so
heiß.«

Sie schenkte den Whisky in ein Glas ein, füllte ein weiteres Glas mit Eis und Leitungswasser und stellte beide vor den Gast hin. Er legte einen Geldschein auf die Theke, und Sherry Louise nahm ihn, ging damit zur Kasse, tippte den Betrag ein und kehrte mit dem Wechselgeld zurück.

»Rufen Sie, wenn Sie mich brauchen«, sagte sie zu dem Mann und lächelte Woody erneut zu. »Sie sind für den Moment versorgt, Mr. Dumas?«

Woody erwiderte ihr Lächeln. »Alles bestens, Sherry Louise.«

»Diese Hurensöhne werden sie nie finden«, sagte der kleine kahle Mann.

Woody drehte sich zu ihm hin.

»Wie war das?«

»Hab' es schon immer gesagt, überschreitet man diese Scheißgrenze, kann man sich jede Hilfe abschminken.«

»Woody Dumas«, sagte Woody und streckte dem Mann die rechte Hand entgegen.

»Ernest Tubb Satisfy.« Der Mann gab Woody einen kurzen, feuchten Händedruck, ergriff dann sein Glas und schlürfte geräuschvoll einen Schluck Whisky.

»Von welcher Grenze sprechen Sie?« fragte Woody.

»Mexikanische natürlich. Verscherbeln die Chinamänner ihre gefälschten Rolex-Uhren und Computer-Innereien und all diesen Dreck, gebärdet sich die Regierung wie 'ne Horde tollwütiger Racheengel. Geht es aber darum, daß irgend 'n armes kleines Mädel aus Texas entführt wird, können sie sich nicht entscheiden, ob sie ihre Ärsche nach Norden oder nach Süden hinbewegen sollen. Gestern hab' ich im Blaupunkt in meinem Mark IV gehört, daß FBI-Männer 'ne Hongkong-Bande, die gefälschte Sojasossen herstellten, hops genommen haben. Hunderttausend Flaschen nachgemachter Sojasosse wurden beschlagnahmt und die Täter festgenommen. Nur die Wirtschaft zählt, so verdammt einfach ist das. Jawohl.«

Ernest Tubb kippte den Rest seines Whiskys hinunter, trank Wasser nach und biß mit seinen Backenzähnen auf einem Eiswürfel herum.

»Werd' sie eben allein verfolgen«, sagte er. »Glory Ann hält das für puren Selbstmord, aber ein Mann muß das tun, was er tief im Herzen für das richtige hält. Jawohl. Also werde ich Estelle suchen. Sie ist mein Baby.«

Ernest Tubb hüpfte vom Barhocker herunter.

»War gut, mit ihnen zu reden«, sagte er zu Woody und ging hinaus.

Sherry Louise kam herüber.

»Weshalb war dieser Futzi denn so geladen?« fragte sie.

»Der Mann ist auf irgend 'ner Mission«, sagte Woody. »Daran besteht kein Zweifel.«

»In dieser einsamen Welt gibt's kaum noch etwas, das einen nicht zweifeln läßt«, sagte Sherry Louise.

Woody lachte. »Das zu wissen, ist auch nicht gerade besonders tröstlich.«

Sherry Louise räumte Ernest Tubbs Gläser weg und wischte die Theke sauber.

»Scheint so, als würde es sich mitunter nicht bezahlt machen, auch nur ein bißchen intelligent zu sein, Mr. Dumas. Verstehen Sie, was ich meine?«

»Ich schlage vor, wir gehen ins Kino«, sagte Romeo. »Würde uns alle etwas entspannen.«

Romeo, Perdita, Duane und Estrellita befanden sich in einem Zimmer des Orbit Motels in Buck's Bend, New Mexiko, auf halbem Weg zwischen El Paso und Las Cruces. Es war vier Uhr nachmittags; sie hatten acht Stunden geschlafen.

»Wir können sofort nach dem Film auf den Highway zurück. Dann ist es auch dunkel. Hab' auf dem Weg durch die Stadt bei einem Einkaufszentrum eines dieser Kino-Center gesehen. Welche Art von Filmen magst du denn, Estrellita, Schätzchen?«

Estrellita putzte sich die Nase und hustete.

»Hast du dich erkältet?« fragte Romeo.

»Mir geht's gut«, sagte Estrellita. »Und mir ist egal, in welchen Film wir gehen.«

»Und was ist mit dir, Duane?«

»Egal.«

»He, Leute, was ist los mit euch? Kopf hoch!« sagte Romeo. »Immerhin lade ich euch ein.«

Perdita blieb stumm.

Romeo scheuchte alle in den Cherokee. Den Truck ließ er unter dem Orbit-Schild stehen, einem neonerleuchteten orangefarbenen Planeten mit einem dunkelroten Raumschiff, das mittels einer Metallspeiche an einer Seite befestigt war. Um den Planeten blitzten im Sekundentakt mehrere gelbweiße Sterne auf, und die wenigen, die nicht funktionierten, summten und zischten statt dessen.

Als sie im Kinozentrum angekommen waren, sagte Romeo: »Dieser *Shocker* klingt nach 'ner Menge Spaß. Auf dem Poster hier steht, daß ein Massenmörder zum Tod durch den elektrischen Stuhl verurteilt wird, aber der Strom bringt ihn nicht um, sondern stärkt ihn, und er wird immer irrer und mächtiger. Kommt, laßt uns den ansehen.«

Romeo kaufte die Eintrittskarten, und sie gingen hinein. Der Film entpuppte sich als noch bizarrer als auf dem Poster angekündigt. Ein wahnsinniger, sadistischer Killer, der als Monteur von Fernsehapparaten und anderen elektronischen Geräten arbeitet, wird zum Tode verurteilt. Als letzten Wunsch verlangt er im Gefängnis nach einem Fernsehgerät. Er schließt seine Hände mit Starthilfekabeln an die Fernsehröhren an und jagt sich selbst Strom durch. Die Wachen rennen herein und reißen ihn los, und in dem darauffolgenden Handgemenge beißt er dem einen Wachmann praktisch die gesamte Unterlippe ab und bricht dem anderen die Finger. Als sie ihm schließlich den finalen Stromstoß verpassen, gibt's einen Kurzschluß im elektrischen Stuhl und der gesamten Büßer-Maschinerie, und das elektrifizierte Selbst des Killers flieht in Form von elektrischen Teilchen und setzt sein zerstörerisches Werk weiter fort. Der Film wandert zwischen Traum und Realität hin und her. Das Ungeheuer schafft es, sich an einen Satelliten anzuschließen und sein Wesen durch das Fernsehen über das gesamte Land zu verbreiten. Er wütet zügellos zwischen Kabel- und Netzwerk-Landschaften, bis er vom Helden, der ihn über die Ätherwellen jagt, zu Gehorsam programmiert wird.

»Mann, ich wette, daß dieser Knastbruder in Louisiana, Bubby Irgendwas«, sagte Romeo, als sie nach dem Film wieder draußen standen, »der neulich verbrutzelt wurde, auch um ein Fernsehgerät gebeten hätte, statt um Shrimps und Austern, wenn er sich vorher den Film reingezogen hätte.«

»War irgendwie interessant, der Film«, sagte Duane.

»Ich hab' mich köstlich unterhalten«, sagte Romeo. »Letztlich hat der Film gezeigt, daß die Todesstrafe im Grunde auch nicht viel verändert. Was meint ihr Mädchen dazu?«

»Es war ekelhaft«, sagte Estrellita. »Derlei Filme sind für Schwachsinnige gemacht.«

»Hörst du das, Duane?« lachte Romeo. »Dein Herzchen hier bezeichnet dich als Schwachsinnigen.«

»Wenigstens hat er Gesellschaft«, sagte Perdita, während sie sich eine Marlboro anzündete.

»Tja, Duane, *amigo*, da siehst du's mal wieder«, sagte Romeo. »Alle kritisieren sie an einem herum. Wen wundert's da noch, daß die Welt im Chaos versinkt. Keiner kann sich mit dem anderen über irgendwas einigen.«

DIE WAHL

Marcello Santos war unglücklich. Dede Peralta war ein langjähriger Weggefährte gewesen, ein Freund in einer Geschäftswelt, in der echte Freundschaften spärlich gesät waren. Dede war tot wie auch sein Soldat, Pete Armendariz, und Crazy Eyes trauerte. Er hatte eine Versammlung einberufen, die auf der Farm seines zweitausendfünfhundert Hektar großen Grundstücks westlich von New Orleans abgehalten werden sollte. Inmitten des Sumpflandes gelegen, mit nur einer schwer bewachten Zufahrtsstraße, war dies der einzige Ort, an dem sich Santos völlig sicher fühlte. Er hatte diesen Zufluchtshafen *Il Giardino d'Infanzia,* der Kindergarten, genannt. Als ›Der Kindergarten‹ war der Ort ein gängiger Begriff geworden, der nicht nur von Santos und seinen Leuten, sondern auch vom FBI und einheimischen Polizeidienststellen verwendet wurde. Über dem Hauseingang hing ein kleines Schild mit der Aufschrift: ›Drei können ein Geheimnis bewahren, wenn zwei von ihnen tot sind.‹

Anwesende der Versammlung, die an einem Dienstagabend um acht Uhr anberaumt worden war, waren neben Santos ein gewisser Alfonse ›Tiger Johnny‹ Ragusa, der Gangsterboß von Houston und El Paso; Beniamino ›Jimmie Hunchback‹ Calabrese, ein Anführer in der Gambino-

Familie, der aus New York angereist war; Nicky ›Bigfoot‹ DeAngelis, der Drogenbaron von Alabama und Westflorida sowie für jeden Mann jeweils ein Bodyguard: Reggie San Pedro Sula für Santos; ›Papaya Phil‹ Romo für Ragusa; Provino ›The Fist‹ Momo für Calabrese und Vincent ›Pit Bull‹ Deserio für DeAngelis.

Es war eine für Südlouisiana typische schwüle Nacht mit fünfunddreißig Grad Celsius und neunundneunzig Prozent Luftfeuchtigkeit, gegen die auch die Klimaanlage nicht mehr viel ausrichten konnte. Santos zog sein Jackett aus und wischte sich mit einem schwarzen Seidentaschentuch über die Stirn.

»Ich danke Ihnen für Ihr Kommen, Gentlemen«, sagte er. »Sie alle wissen, wie tief mich der tragische Tod von Dede getroffen hat. Seit ich die Nachricht erfahren habe, bin ich in Trauer. Ich habe Sie heute hierhergebeten, weil wir ein Problem haben, ein sehr ernstes Problem, das wir lösen müssen, wenn wir unsere bislang so profitable Teilhaberschaft am Kosmetikhandel auch weiterhin fortzusetzen gedenken.

Das Problem ist dieser Dumas, der Sonderermittler der Drogenbehörde in Dallas. Unser Freund in Dallas, Joseph Poca, den Sie alle als ›Joe Polkadots‹ kennen, ist zum gegenwärtigen Zeitpunkt leider im Gefängnis. Aus diesem Grund sind wir, mit der Erlaubnis von Joe Polkadots, die ich kürzlich erhalten habe, ermächtigt, in bezug auf Sonderermittler Dumas in eigener Regie zu handeln. Ich bitte um Vorschläge.«

»Marcello«, sagte Tiger Johnny, »es wäre mir ein Vergnügen, mich um dieses Stück Scheiße zu kümmern. Schließlich lebt er in Texas, und das ist mein Staat. Ich könnte arrangieren, daß eine Rohrbombe in seinen Wagen plaziert wird, und dann hätten wir's hinter uns. Gönnen Sie mir dieses Privileg.«

118

»Keine schlechte Idee«, sagte Jimmie Hunchback. »Doch es wäre vielleicht klüger, den Job von jemanden erledigen zu lassen, der nicht in Texas ansässig ist. Warum überlassen wir es nicht The Fist, nach Dallas zu gehen und sich der Sache anzunehmen? Bei der Ermordung eines FBI-Ermittlers wird die Regierung alle Hebel in Bewegung setzen, aber ich glaube nicht, daß sie in diesem Fall jemanden aus meinem Teil des Landes verdächtigen würde.«

»Nicky Bigfoot«, sagte Santos, »was halten Sie für die beste Lösung?«

Mit seinen neunundsiebzig Jahren war Nicky DeAngelis der älteste der Gruppe. Er hatte vierzig Jahre lang die Golfküste Floridas beherrscht, und Marcello legte großen Wert auf seine Meinung. Nicky Bigfoot, so genannt, weil er im Verlauf seiner Karriere einen tiefen und bleibenden Eindruck gemacht hatte, trug wie Santos meistens eine dunkle Sonnenbrille. Doch anders als Santos, der damit seine seltsamen Augen verbergen wollte, benutzte Nicky die Sonnenbrille, um hin und wieder ein Nickerchen einzulegen, ohne daß es irgend jemand merkte. Sein Bodyguard, Pit Bull Deserio, beschützte ihn mit grimmiger Entschlossenheit und lauschte aufmerksam allem, was in seiner Gegenwart gesagt wurde, für den Fall, daß er dem alten Mann, sollte dieser etwas verpaßt haben, die entsprechenden Informationen zuflüstern konnte. Deserio mußte auch jetzt Hilfestellung leisten, und so dauerte es einige Momente, ehe Nicky auf Santos' Frage antwortete.

»Ich stimme mit Jimmie, dem Mann mit dem kräftigen Kreuz, überein«, sagte Bigfoot. »Jeder weiß, weshalb er den Namen Hunchback, Buckliger, bekommen hat. Nicht etwa, weil er bucklig ist, wie Sie ja alle sehen, sondern weil sein Rücken breit genug ist, um Belastungen standzuhalten, und wendig genug, um jedem Schlag auszuweichen.

Wenn er sagt, daß sein Mann für den Job geeignet ist, sollten wir seinem Urteil vertrauen. Bei allem Respekt für Sie, Johnny Ragusa, aber es sollte in der Tat jemand aus einem anderen Bundesland sein.«

Santos hob seine linke Hand, diejenige ohne Daumen.

»Das wäre also abgemacht«, sagte er. »Jimmies Mann, Provino Momo, wird sich um den Ermittler Dumas kümmern. Lassen Sie uns jetzt zum vergnüglichen Teil des Abends übergehen und ein paar Runden Binokel spielen. Reggie, geben Sie Signore DeAngelis noch eine Tasse Espresso, damit er nicht behaupten kann, er habe geschlafen, wenn ich ihn beim Kartenspielen besiege. Kommen Sie, Gentlemen, nehmen Sie sich Wein, Whisky, was immer Sie wollen. Es ist auch jede Menge zu essen da, Spaghetti und Austern. Sie wissen ja, wie wir in Louisiana zu feiern pflegen!«

Santos hob mit der rechten Hand ein Glas Wein hoch.

»Auf Sie, *Il Pugno,* auf daß Sie Ihren Auftrag glücklich hinter sich bringen! Und auf uns alle! *Salute!*«

»Tausend Dank für die rasche Übersendung der Akten von Dolorosa und Durango. Die beiden sind wirklich 'n nettes Pärchen.«

AUSRADIERT

Woody Dumas hatte die FBI-Berichte über die Schmuggler menschlicher Rohstoffe, die ihm Doyle über Nacht zugefaxt hatte, gelesen, und Doyle hatte gerade angerufen, um sich zu vergewissern, daß die Informationen auch angekommen waren.

»Ich komme nicht darauf, woher ich sie kenne«, sagte Woody, »aber diesen Namen, Perdita Durango, habe ich aus irgendeinem Grund eingespeichert.«

»Sie stand in Zusammenhang mit dem Überfall auf ein Lebensmittelgeschäft in Iraaq«, sagte Doyle. »Ist schon 'ne ganze Weile her. Erinnern Sie sich? Einem der Räuber wurde der Kopf weggeblasen, und der andere wurde gefaßt und nach Huntsville geschickt. Die Durango fuhr den Fluchtwagen, aber ich will verdammt sein, wenn sie nicht mit heiler Haut davongekommen ist.«

»Und jetzt hat sie sich mit diesem barfüßigen Drogendealer zusammengetan?«

»Genau. Er ist auch irgend 'ne Art von *santéria*-Priester. Sie haben offenbar während einer Zeremonie einen Jungen ermordet und werden von den Mexikanern gesucht.«

»Okay, Sportsfreund, dann werde ich mal

121

mein Roß satteln und die Fährte aufnehmen. Die Lieferadresse soll in Los Angeles sein, also werde ich westwärts reiten.«

»Passen Sie auf sich auf, alter Knabe. Schließlich haben diese Typen schon so manchen Junkie mit 'nem goldenen Schuß versorgt, stimmt's? Und Sie können Ihren Arsch darauf verwetten, daß sie auch auf Sie schießen werden.«

Woody lachte. »Weiß Ihre Sorge zu schätzen, alter Junge. Halten Sie die Ohren steif, okay?« sagte er und legte auf.

Jimmie Hunchbacks schärfster Wachhund, Provino Momo, saß in einem gemieteten dunkelgrauen Ford Thunderbird auf der Straßenseite gegenüber dem Regierungsgebäude. The Fist war Experte im Sitzen und Warten. Als Kind hatte er Tuberkulose gehabt und sich fast zwei volle Jahre lang schonen müssen. Während dieser zwei Jahre, vom elften bis zum dreizehnten Lebensjahr, hatte The Fist meist geschlafen und Comic-Hefte gelesen. Er war Einzelkind, durfte während seiner Krankheit mit keinen anderen Kindern spielen und mußte eine strenge fettarme und salzlose Diät einhalten. Ihm war gar nicht bewußt, wie wütend er während dieser Isolationszeit geworden war, bis fünf Jahre später der mittlerweile ausgewachsene Provino Momo in einer Billardhalle im Red Rock-Bezirk von Brooklyn im Verlauf einer Meinungsverschiedenheit einen vierzigjährigen Mann mit bloßen Händen erschlug. Seit diesem Zwischenfall hatte er seinen Spitznamen weg, The Fist, die Faust. Die Geschichte über diesen großen, harten, ruhigen Jungen mit dem stählernen Griff sprach sich herum – mit achtzehn Jahren war er einsneunzig groß und hundertfünfundzwanzig Kilo schwer –, und The Fist begann als ein Soldat für die Gambinos zu arbeiten, New Yorks bedeutendster Familie für organisiertes Verbrechen. Im Lauf der Zeit gewann er das

Vertrauen von Jimmie Hunchback und wurde die rechte Hand des Bosses.

Als The Fist nun in dem gemieteten T-Bird saß und nach dem Sonderermittler der Drogenbehörde Ausschau hielt, dessen Foto er neben sich auf dem Vordersitz liegen hatte, dachte er an all die verschiedenen Männer und Frauen, die er auf Auftrag erledigt hatte. Normalerweise vermied The Fist Erinnerungen dieser Art, aber aus irgendeinem Grund, vielleicht deshalb, weil er morgen vierzig wurde, so alt wie sein erstes Opfer gewesen war, gestattete er es sich, diesen Teil seines Lebens Revue passieren zu lassen. Alles in allem, schätzte The Fist, hatte er mindestens zwanzig Menschen umgebracht, die meisten davon mit bloßen Händen. Für zweiundzwanzig Jahre im Job waren das gar nicht so viel, überlegte er. Er wußte nicht, ob er darüber froh sein sollte oder nicht, doch seine Tagträumerei fand einen Moment später ohnehin ein Ende, da er Woody Dumas erspähte, der das Gebäude verließ.

Woodys Malibu war genau gegenüber von The Fists T-Bird geparkt. Der Ermittler schloß seinen Wagen auf, stieg ein, schaltete den Motor ein und fuhr los. Überprüft nicht mal, ob eine Bombe versteckt ist, dachte The Fist, während er ihm folgte. Er fragte sich, warum jemand mit einem einigermaßen anständigen Einkommen eine derartige Schrottkiste fuhr. Vielleicht wurden diese Regierungsburschen nicht besonders gut bezahlt, überlegte er weiter. Aber selbst wenn, könnte Dumas ein besseres Auto fahren als diesen scheißefarbenen Schrottkübel. Er sah so eindeutig nach Bullen-Wagen aus, daß ihn schon wieder niemand mehr dafür halten würde. The Fist besaß ein identisches Paar weißer 88er Cadillac Sedan de Villes. Er fuhr sie abwechselnd, an einem Tag den einen, am anderen den anderen, und wenn einer von ihnen in der Reparaturwerkstatt war, konnte er immer auf dessen Zwilling zurückgreifen. Obwohl der T-Bird für einen Mann seiner Größe zu eng war, störte es ihn nicht, damit zu fahren. Der Wagen beschleunigte gut und hatte eine perfekte Straßenlage. Er würde jederzeit wieder einen mieten.

Woody fuhr langsam durch den Innenstadtverkehr in Richtung seines Fitneßclubs, der sich im neu sanierten Lagerhausbezirk befand. Vor dem Trip nach L.A. wollte er in guter körperlicher Verfassung sein. Nachdem er seinen Wagen in der Gasse hinter dem Club geparkt hatte, öffnete er den Kofferraum, in dem seine Ausrüstung lag. Als er sich bückte, um seinen Gymnastikbeutel herauszuholen, knallte ihm der Kofferraumdeckel mit voller Wucht in den Rücken, was zur Folge hatte, daß seine Beine einknickten. Woody fiel zu Boden. Alles, was er sehen konnte, waren ein Paar große, blankpolierte braune Cordovans. Mit der rechten Hand griff Woody zu seinem linken Knöchel hinunter und zog dann aus dem Halfter seinen langen stumpfnasigen Charter Arms Bulldog Pug .44er Revolver. Im selben Moment fühlte er, wie er hochgehoben und festgehalten wurde. Plötzlich fiel es ihm sehr schwer zu atmen, und ihm wurde bewußt, daß er gerade von einem ungeheuer starken Menschen zu Tode gequetscht wurde. Woody brachte die Ersatzknarre so nahe an seinen Kopf, wie es ihm möglich war, und kurz bevor er ohnmächtig zu werden drohte, erhaschte er einen flüchtigen Blick auf das Gesicht seines Angreifers. Er drückte den Abzug und hoffte, daß die Mündung in die richtige Richtung zielte.

The Fist fiel nach hinten, hielt jedoch Woodys Arme weiterhin mit seinen riesigen Pranken umfaßt, so daß er Woody mit sich nach unten zog. Als Woody schließlich die Augen wieder öffnete, entdeckte er, daß er auf einem Riesen ohne Nase lag. Die Knarre hatte sich schnurgerade in The Fists Gesicht entladen; die Glazer-Sicherheitskugel

124

hatte seine Nasenflügel weggerissen und über seiner Oberlippe und zwischen seinen blutunterlaufenen Augen, die weit geöffnet waren und Woody ausdruckslos anstarrten, ein häßliches großes rotes Loch hinterlassen.

Sofort stieg das Bild von Salty Dog vor Woody auf, und er schloß die Augen und rollte sich von The Fist herunter auf den Rücken. Salty jagte eine alte Frau in einem schwarzen Regenmantel, dessen Rückenteil der springende Airedale zwischen seinen Zähnen festhielt.

»Faß, Salty!« rief Woody. »Pack sie, mein Junge!«

Mona schnappte nach Luft, und Santos bellte sie an: »Nein, nein, cara mia, bitte hör jetzt nicht auf! Ich bin gleich soweit!«

ERINNERUNGEN

»Ich brauche dringend eine Pause, Marcello, bitte. Mir tut der Mund weh und außerdem, sieh doch, er ist *fiacco*.«

Santos seufzte. »Nichts ist mehr so einfach, wie es einmal war. Das Leben ist *una pioggia continua*.«

Mona erhob sich aus ihrer knieenden Haltung und ging zur Bar hinüber. Sie schüttete einen Teelöffel Zucker in ein zur Hälfte mit Bombay Sapphire gefülltes Glas, verquirlte die Mischung mit einem roten Rührstäbchen, auf dem in goldenen Buchstaben die Aufschrift RIZZO'S CLUB – NEW ORLEANS stand, und nahm einen herzhaften Schluck.

»Entspann dich, Marcello«, sagte sie. »Ich werde ein Bad nehmen.«

Crazy Eyes Santos sah seiner Geliebten der letzten zehn Jahre, Mona Costatroppo, zu, wie sie das Zimmer verließ. Er lauschte dem Geräusch des in die Wanne fließenden Wassers. Mona war einunddreißig Jahre alt und noch immer schön, aber nicht mehr schlank. Als er sie das erstemal in Grimaldi's Bank in Gretna gesehen hatte, wo sie als Kassiererin arbeitete, hatte sie wie Claudia Cardinale ausgesehen, nur dünner. Dieselben großen dunkelbraunen Augen, der großzügige Mund mit den dicken roten Lippen, die perfekt nach oben geschwungenen Brüste. Inzwischen aß Mona zuviel Konfekt und trank zuviel von diesem abartigen Gesöff. Noch zwei Jahre dieses Schlendrians, überlegte Santos, und sie würde genauso aussehen wie seine Ehefrau, Lina. Und Lina hatte ihn zumindest mit vier Kindern versorgt.

»Marcello«, rief ihn Mona vom Badezimmer aus, »sei ein *costata di agnello* und bring mir noch einen Drink, ja?«

Santos stand auf, stopfte seinen Penis in seine Hose und zurrte den Reißverschluß zu. Dann ging er aus dem Apartment und zog die Tür leise hinter sich zu.

»Marcello!« schrie Mona. »Marcello, kommst du bitte? Und vergiß den Zucker nicht!«

Wenige Meilen östlich von Tuscon bog Romeo in südlicher Richtung von dem mehrspurigen Highway ab. Er blickte kurz in den Seitenspiegel,

UMWEG

um sich zu vergewissern, daß Perdita die unerwartete Abzweigung in der Dämmerung auch bemerkt hatte.

»Unsere kleine Apachenprinzessin hat 'ne Menge auf dem Kasten, Duane«, sagte Romeo. »Sie kann mit einem Fahrzeug so gut wie jeder Mann umgehen, besser sogar als die meisten.«

»Warum nehmen wir plötzlich diese zweispurige Straße?«

»Da gibt's einen *hombre,* den ich gern sehen möchte, in Nogales, auf der mexikanischen Seite. Und da wir schon mal in der Nähe sind. Der Mann ist mir was schuldig. Heißt Amaury ›Big Chief‹ Catalina. Nennt sich selbst Big Chief, weil er angeblich ein direkter Nachfahre von irgend'nem Aztekenkönig ist. Scheiße, irgendwie sind wir alle Nachfahren von irgend'nem König. Leitet ein Restaurant namens La Florida. Werden ihn ziemlich sicher dort antreffen, es sei denn, er ist tot, was das beste wäre. Man sollte sich das Schuldenmachen nicht angewöhnen, Duane. Ist auf Dauer ungesund.«

Im Cherokee schaltete Perdita die Scheinwerfer an.

»Was hat unser Held denn jetzt vor?« sagte sie

zu sich selbst, als sie hinter dem großen weißen Lastwagen in den Arizona State Highway 82 abbog.

»Was sagtest du?« fragte Estrellita halb im Schlaf.

Perdita warf ihr einen kurzen Blick zu, richtete ihre Aufmerksamkeit aber gleich darauf wieder auf die schmale, dunkle Straße. Sie haßte die hellblonden Haare des Mädchens.

»Sonoita? Patagonia? Wo sind wir?« fragte Estrellita mit Blick auf ein in der Ferne auftauchendes Straßenschild.

Perdita schlug auf den automatischen Zigarettenanzünder, steckte sich eine Zigarette zwischen die Zähne und zündete sie, sobald der Anzünder heraussprang, daran an.

»Du rauchst ganz schön viel«, sagte Estrellita.

»Keine Bange, du wirst den Rauch nicht mehr lange aushalten müssen. Jedes weitere Wort dazu ist also überflüssig.«

Schweigend fuhren sie weiter. Der weiße Truck passierte die Straßenkreuzung, die Sonoita darstellte, und hielt sich in Richtung Patagonia. Perdita blieb keine andere Wahl, als ihm zu folgen.

»Er will sicher jemanden sehen, der ihm Geld schuldet«, sagte sie. »Ist nur ein weiterer kleiner Umweg auf unserem Weg nach Nirgendwo.«

In Patagonia, einer aus einer Straße bestehenden Stadt etwa zwanzig Meilen nördlich der Grenze, lenkte Romeo den Truck an den Straßenrand und hielt an. Perdita ging vom Gas und parkte den Cherokee direkt hinter dem Truck. Romeo sprang heraus und kam zu Perditas Fenster, das sie ganz heruntergekurbelt hatte.

»Ihr habt euch bestimmt schon gefragt, was ich vorhabe, was, Ladies? In Nogales, auf der mexikanischen Seite, gibt's einen ganz besonderen Schlaumeier, den ich kurz besuchen möchte, um zu sehen, ob ich ihm das Geld, das er mir schuldet, aus den Jeans schütteln kann. Gleich danach werden wir nach L.A. weiterfahren. Perdita, Schätzchen, hör zu: In Nogales werde ich dieses Fuhrwerk auf der U.S.-Seite parken, auf dem Parkgelände des Safeway-Lebensmittelladens. Wir werden beide Fahrzeuge dort abstellen und zu Fuß über die Grenze marschieren. Ich denke, unsere kleine Estrellita und unser guter alter Duane werden sich anständig benehmen, nicht wahr? Jetzt werde ich erstmal zur Telefonzelle gehen, dort drüben, neben dem alten Eisenbahndepot, und ein Telefonat führen. Wird nicht lange dauern.«

In der Telefonzelle öffnete Romeo den Umschlag aus Manilapapier, den ihm Dede Peralta gegeben hatte. Er holte das Blatt Papier heraus und hielt es, während er wählte, nach oben, um die Nummer abzulesen. Dann warf er die erforderliche Menge an Münzen ein. Nach dem dritten Klingeln hob am anderen Ende der Leitung jemand ab.

Eine männliche Stimme sagte sehr leise: »Bayou Unternehmen.«

»Hier ist Romeo Dolorosa. Ich möchte bitte mit Mr. Santos sprechen.«

»Mr. Santos weilt derzeit nicht in der Stadt. Worum geht es?«

»Ich wollte ihm nur mitteilen, daß ich etwas später zu der Party kommen werde. Ich habe ein Problem mit dem Wagen, aber es ist bereits so gut wie behoben. Würden Sie diese Nachricht bitte an Mr. Santos weiterleiten, falls Sie mit ihm sprechen sollten?«

»Sicher, wir stehen in ständigem Kontakt. Noch etwas?«

»Nein, das war alles. Sagen Sie ihm, daß ich so schnell ich kann dasein werde.«

»Ich werde es ihm ausrichten«, sagte der Mann und legte auf.

Romeo legte ebenfalls auf und ging zu Perdita zurück.

Er lächelte ihr zu und beugte sich, die Hände auf den Fensterrahmen gestützt, in den Wagen.

»Santos ist kein Mann, der sich verarschen läßt, Romeo«, sagte sie. »Ich hoffe, du hast nicht vor, ihn zu verarschen.«

»Ich weiß, was ich tue, Perdita, Schätzchen. Du kennst mich.«

Ihre Augenbrauen zuckten, die Kobras schlängelten sich unmutig, doch Perdita sagte nichts mehr, sondern beobachtete stumm, wie Romeo zum Truck ging und in das Führerhaus zurückkletterte.

»Manchmal wäre es dir sicher lieber, du würdest ihn nicht kennen«, sagte Estrellita.

Perdita warf den Cherokee an und folgte dem Truck. Eine halbe Stunde später parkte sie hinter Romeo auf dem Safeway-Parkgelände in Nogales. Alle vier stiegen aus.

»Ihr Kinder werdet jetzt tun, was ich sage, dann wird euch nichts passieren«, sagte Romeo zu Duane und Estrellita. »Falls einer von euch am Zoll irgendeinen Mucks von sich gibt, werde ich euch beide auf der Stelle abknallen, und den Zollbeamten gleich mit. Okay, *vamonos.*«

Die vier schoben sich durch das Drehkreuz hindurch nach Mexiko. Vorbei an Scharen von Bettlern, Gaunern und Schiebern führte Romeo sie in eine vergleichsweise ruhige Seitenstraße und weiter in einen Innenhof. Ein weißes Neonschild mit der Aufschrift BILLARES blinkerte über einer der beiden Türen. Über der anderen befand sich eine mattgelbe Kugel mit der schwarz gemalten Aufschrift LA FLORIDA.

»Mein Gedächtnis ist gar nicht mal so übel«, lachte Romeo. »Ist schon vier oder fünf Jahre her, seit ich das letzte Mal hier war. Kommt, laßt uns reingehen.«

Rechts vom Eingang befand sich eine lange Bar und links davon etwa ein Dutzend Tische, die sich um eine kleine Bühne gruppierten. An der Bar saßen einige Männer, die allesamt nicht sonderlich gut gekleidet waren. Nur zwei der Tische waren besetzt. Ein Mann in einem schäbigen schwarzen Smoking mit rotem Kummerbund eilte zu Romeo und fragte, ob sie vier zum Dinner bleiben wollten.

»Kann sein«, sagte Romeo. »Das werden wir dann sehen.«

Der Empfangschef lächelte und führte sie zu einem Tisch.

»*Señor Catalina esta aqui?*« fragte Romeo, nachdem sie Platz genommen hatten.

»Er wird in etwa zehn Minuten eintreffen«, erwiderte der Mann und überreichte ihnen die Speisekarten. »Sind Sie ein Freund von ihm?«

»O ja«, sagte Romeo. »Ein sehr alter Freund.«

»Sobald er kommt, werde ich ihm sagen, daß Sie da sind. Wie ist Ihr Name?«

»Dolorosa. Er weiß dann schon Bescheid.«

Der Empfangschef behielt sein Lächeln bei und sagte: »Wie Sie wünschen. Der Kellner wird gleich bei Ihnen sein.«

Gleich darauf erschien der Kellner, und Romeo bestellte eine Runde Margaritas. Er hatte sein Glas zur Hälfte ausgetrunken, als Amaury Catalina auftauchte und sich durch die anderen Tische haifischartig auf sie zuschlängelte. Der Big Chief lächelte nicht.

»Romeo, *amigo! Que tal?* Was für eine wunderbare Überraschung, dich hier zu sehen!« rief Catalina, jede Pore seines runden braunen Gesichtes nun zu einem Lächeln verzogen, das einzig die Augen aussparte, die hart und stumpf, gleich glatten schwarzen Murmeln blieben.

Romeo stand auf und umarmte ihn. »Dachte mir, daß du überrascht sein würdest«, sagte Romeo mit demselben kalten Lächeln.

Big Chief Catalina war ein breit gebauter Mann, der bei einer Größe von einssechzig gut über hundert Kilo mit sich herumschleppte. Mit seinem schmalen Oberlippenbart und den sich lichtenden schwarzen Haaren, die mit Pomade an seinem breiten flachen Schädel nach hinten geklatscht waren, wirkte er zehn Jahre jünger als seine vierundvierzig Jahre.

»Was meinst du, Chief, wollen wir nicht irgendwo hingehen, wo wir uns in Ruhe unterhalten können?«

»Sicher doch, sicher. Wir können in mein Büro gehen.«

»Bin gleich zurück, Perdita«, sagte Romeo. »Paß auf die Kleinen auf. Sieh zu, daß sie brav ihr Gemüse essen.«

Catalina winkte dem Kellner, der sofort herbeieilte.

»Kümmern Sie sich darum, daß diese Leute alles bekommen, was sie wollen«, sagte der Big Chief. »Und zwar auf Kosten des Hauses.«

Catalinas Büro war ein fensterloser zwei Meter fünfzig mal zwei Meter fünfzig großer Verschlag mit einem Schreibtisch, zwei Stühlen und einem Aktenschrank. An der Wandseite über dem Schreibtisch hing eine Postkarte mit einem Foto von Pancho Villa aus dem Jahr 1914, wie er auf seinem Pferd vor seiner Armee posierte. Catalina holte aus einer Schublade eine Flasche Gusano Rojo Mezcal und zwei Gläser heraus, stellte sie auf die Schreibtischplatte und schenkte dann für Romeo und sich jeweils einen Doppelten ein.

»Bevor du wegen des Geldes fragst, *amigo*, laß uns anstoßen, ja? Das ist guter Mezcal, aus Oaxaca.«

»*Cómo no?*«

»Auf deine Gesundheit!«

Sie kippten den Mezcal hinunter und stellten die Gläser wieder auf dem Schreibtisch ab.

»Und jetzt, Señor Schmerzensreich, kannst du mich wegen des Geldes fragen.«

»Hast du es?«

»Nein. Ich habe Geld, aber leider nicht für dich.«

»Bedeutet das, daß du es momentan nicht für mich hast oder daß du es niemals für mich haben wirst?«

Catalina lachte kurz auf, lächelte aber nicht.

»Das zu entscheiden, bleibt dir überlassen. Wähl einfach die Antwort, die dich zufrieden stimmt.«

»Kann ich noch einen Drink haben?«

»Klar, bedien dich.«

Romeo stand auf, nahm die Flasche Gusano Rojo und warf sie mit aller Macht in Big Chiefs Gesicht. Das Glas zersplitterte und schnitt in Catalinas Nase, Wangen und Kinn. Romeo hob die größte Scherbe auf, stach damit dem Mann in beide Augen, rammte ihm darauf den gezackten Rand in die Kehle und schlitzte sie auf. Aus Big Chiefs Gesicht und Hals schoß Blut hervor, aber er selbst gab keinen Laut von sich, außer ein leises Gurgeln, bis er schließlich hinter seinem Schreibtisch zu Boden sackte. Romeo beugte sich über ihn und entdeckte den Mezcal-Wurm, der aus der Flasche auf den Boden gefallen war. Er packte den Wurm und ließ ihn in Catalinas Mund fallen.

»Das war's, *macho*«, sagte Romeo. »Jetzt hast du deine Männlichkeit bewiesen.«

»Wir werden nicht zum Dinner bleiben«, sagte Romeo, während er Estrellita am Arm nahm und hochzog. »Kommt, Perdita, Duane. Ich habe gerade erfahren, daß das Essen hier nicht besonders gut sein soll.«

Aufgrund der Hautverbrennungen durch das Schießpulver war Woody Dumas' linke Kopfhälfte mit einer Mullbinde umwickelt. Da die

IM FLUGZEUG

Waffe so nah an seinem Gesicht abgefeuert worden war, war er am linken Ohr, zumindest vorübergehend, taub. Nun saß Woody auf einem Fensterplatz in einem Flugzeug nach Los Angeles, nippte Orangensaft und dachte über sein Leben nach, das ihm von Provino ›The Fist‹ Momo in einer Gasse in Dallas beinahe herausgequetscht worden wäre.

Im Grunde war das alles gar nicht so schlimm, überlegte er. Man brauchte sich nur die Situation in Osteuropa anzusehen, wo so viele Menschen verzweifelt in den Westen zu entkommen versuchten und bei ihrer fieberhaften Flucht in die Freiheit Besitz, Eltern und sogar Kinder zurückließen. Oder in China, wo die Soldaten am Tienanmen-Platz Studenten wie Hunde niederschossen. Klar, die hiesige Regierung hatte das auch getan, damals in den Sechzigern, und vor den Olympischen Spielen '68 hatten die Mexikaner dutzendweise Leute ermordet. Ein Kampf von Mann zu Mann ist letzten Endes niemals so entsetzlich wie dieses anonyme Massenmorden, dachte Woody. So brutal und unbegreiflich manch individueller Mörder auch sein mochte, überlegte er weiter, so ist doch die Unpersönlichkeit, mit der Massenverstümmelungen und Massenmorde einhergehen, von einer schier unglaublichen Gemeinheit und Perversität.

Woody erinnerte sich an einen alten Kerl namens Buzzard, der in Woodys Kinderzeit im Viertel herumzuhängen pflegte. Buzzard war so etwas wie ein Penner gewesen, aber nicht wirklich. Er reparierte Reißverschlüsse und übernahm kleinere Näharbeiten, was Woodys Meinung nach darauf hindeutete, daß er früher einmal ein Schneider gewesen war. In Buzzards langem, maultierartigem Gesicht sprießte immer ein spärlicher zehn-Tage-Bart, und beim Gehen wedelte er mit den Armen, als wären es Flügel, weshalb ihn alle Welt auch Buzzard, Bussard, nannte. Er trug einen rotschwarz karierten Lumberjack-Mantel, der offensichtlich niemals gewaschen wurde, und eine blaue Mütze mit Ohrschützern, die oben zusammengebunden waren. Seine Augen waren, wie sich Woody entsann, von einem klaren Grün mit schwarzen Flecken. Niemand wußte, wo Buzzard schlief, bis er vergiftet in einem unbenutzten Abfallcontainer hinter der Bibliothek gefunden wurde. Er hatte flüssige schwarze Shinola-Schuhpolitur getrunken, die er durch eine Scheibe Wonderbread in eine Kaffeekanne gefiltert hatte. Zusammen mit Buzzards Leiche wurde in dem Müllcontainer nur noch eine eselsohrige gebundene Ausgabe von *Tarzan of the Apes* von Edgar Rice Burroughs, erschienen 1914 in der A.L. Burt Verlagsgesellschaft, gefunden, die wie ein Kissen unter seinen Kopf geschoben war.

Eine Stewardeß tauchte mit einem Wagen neben Woody auf und sagte etwas. Er drehte den Kopf, damit er mit seinem guten Ohr hören konnte, und fragte, was sie gesagt hatte.

»Möchten Sie noch einen Orangensaft?« wiederholte sie.

136

»Gern, sehr gern«, erwiderte Woody und reichte ihr seinen Plastikbecher. Doch dann überlegte er es sich anders. »Oh, Miss? Könnte ich ihn diesmal bitte mit Wodka haben?«

Sie nickte, füllte Orangensaft in den Becher und reichte ihn Woody zusammen mit einer Miniaturflasche Wolfschmidt. Er bezahlte, drehte den Verschluß auf, kippte den Inhalt in den Orangensaft und verrührte die Mischung mit dem rechten Zeigefinger. Woody hatte seit fast zehn Jahren keinen Alkohol mehr getrunken, und er wußte selbst nicht, warum er sich gerade jetzt dazu entschlossen hatte; es schien ihm im Moment einfach das richtige zu sein. Woody hob den Becher.

»Auf Buzzard«, sagte er.

Perdita gefiel nicht, was da vor sich ging. Sie freute sich, nach Los Angeles zu kommen, doch sie wußte bereits, daß es zwischen ihr und Romeo vorbei war. Sie würde noch nichts sagen, sondern einfach das Ende ihrer Reise abwarten und sich dann in einem günstigen Moment verdrücken. Und sich vorher vielleicht noch diese Schlampe Estrellita vorknöpfen.

SALAMANDER

»Welche unanständigen Gedanken gehen dir heute abend durch dein kleines Köpfchen, Süße?« fragte Romeo. »Du bist in letzter Zeit so schrecklich still.«

Romeo und Perdita befanden sich im Round-up Drive-in in Yuma und warteten an der Straßentheke auf ihre Take-aways. Duane und Estrellita hatten sie aneinandergefesselt im Motelzimmer gelassen.

»Eigentlich denke ich an nichts Besonderes. Ich genieße einfach nur den schönen Abend.«

Autos und Trucks rauschten auf der Straße vor dem Drive-in vorbei. Es war erstickend warm und schwül und stank nach verbranntem Öl. Ein grauer Dunstschleier spannte sich wie ein schmutziges Laken über den Himmel. Hin und wieder zupfte ein Windstoß an einem Zipfel und fältelte das graue Tuch gerade lang genug auf, um einen kurzen Blick auf die blinkenden Platinpunkte zu gewähren, die das ungestüme

Fuchsienrot des Himmels verzierten. Ein großer, magerer Cowboy-Typ Ende Zwanzig marschierte zur Straßenverkaufstheke.

»Na, Leute, wie geht's?« sagte er.

»Bestens«, erwiderte Romeo. »Und selbst?«

Der Cowboy nahm seinen schwarzen Stetson ab, griff hinein und zog eine halbvolle Packung filterloser Luckys heraus. Er bot sie Romeo und Perdita an, die beide ablehnten, schüttelte sich dann eine zwischen die Lippen, warf die Packung in den Hut zurück und stülpte ihn sich wieder über seine dicken, verfilzten braunen Haare.

»Kann nicht klagen.« Er zog aus der linken Brusttasche seines rotbraunen, mit Perlmuttknöpfen verzierten Hemdes ein Streichholzbriefchen und zündete sich die Zigarette an. Darauf bückte er sich und blickte in das Verkaufsfenster hinein.

»He, Betsy!« rief er. »Haben Sie für mich zwei doppelte Cheeseburger, eine Seite mit Chili und Kopfsalat?«

»Dauert 'n paar Minuten, Cal«, schrie eine Frau von innen zurück. »Wollen Sie irgendwelche Beilagen?«

»Warum nicht?« erwiderte Cal. »Ich nehme alles was Sie mir geben, Betsy.«

Die Frau lachte und schrie zurück: »Alter Süßholzraspler. Sie wissen, daß dieses Gesülze bei mir nicht ankommt.«

Cal grinste und richtete sich wieder auf. Er ging einen Schritt vom Fenster zurück und paffte an seiner Lucky Strike.

»Was geht denn in Yuma so ab?« fragte Romeo.

Cal sah ihn an und sagte: »Ist das Ihr Cherokee, der mit dem Texas-Nummernschild?«

»Richtig geraten.«

»Dann sind Sie beide aus Texas?«

»Wieder richtig.«

»Auf der Durchfahrt, vermute ich.«

»Korrekt.«

»Schätze mal, auf dem Weg nach Kalifornien. L.A.«

»Wieder ins Schwarze getroffen, Cowboy.«

Cal lachte, nahm einen letzten Zug und schnippte den Stummel weg.

»War unschwer zu erraten. Hier gibt's nichts, was die Leute hält«, sagte er. »Gibt aufregendere Städte.«

»Was ist gegen Frieden und Ruhe zu sagen, wenn einem das liegt.«

»Davon gibt's hier auch nicht viel. Die Hitze macht die Menschen gemein, brennt ihnen das Hirn heraus und läßt sie gefährlich werden. Wirkt sich brutal auf alles Lebendige aus, außer auf Salamander.«

»Salamander?« fragte Perdita.

»Ja«, erwiderte Cal, »Sie wissen doch, diese Echsen können Feuer aushalten.«

Ein Schwertransporter verminderte seine Geschwindigkeit, hustete und stotterte vorbei und spuckte über dem Drive-in eine braune Dieselwolke aus. Perdita hustete und drehte sich weg.

»Hier ist Ihre Bestellung, Sir«, sagte Betsy zu Romeo und schob eine Tüte durch das Fenster. »Macht siebzehn Dollar fünfundzwanzig.«

Betsy war eine Asiatin mittleren Alters mit schlecht blondierten Haaren.

Romeo legte einen Zwanziger auf die Theke, nahm die Tüte und sagte: »Der Rest ist für Sie.«

»Danke, bin gleich wieder da. Noch 'ne Minute, mein Hübscher«, wandte sie sich an Cal. »Ihr Essen kommt sofort.«

»Hab' nicht die Absicht wegzulaufen.«

»Spaßvogel«, sagte sie und lachte.

»Macht's gut, Leute«, sagte Cal zu Romeo und Perdita.

»Werden unser Bestes tun«, erwiderte Romeo. »Viel Glück.«

Als sie zum Motel zurückfuhren, sagte Perdita: »Hast du eben die Frau dort gesehen?«

»Du meinst Betsy?«

»Jesus, die hatte wirklich schlimme Haare. Hab' noch nie zuvor 'ne Asiatin mit blonden Haaren gesehen.«

»Dort, wo wir hinfahren, gibt es noch jede Menge an Überraschungen, Perdita. Mußt nur abwarten. Ich habe große Pläne für uns.«

Sie wandte sich Romeo zu und starrte ihn an. Er grinste zuversichtlich und voller Selbstzufriedenheit.

»Gib mir keine Versprechen, die du nicht halten kannst«, sagte Perdita. »Es gibt für eine Frau nichts Schlimmeres, als von einem Mann verarscht zu werden. Wenn das passiert, kann sie für die Folgen nicht garantieren.«

»Werde es mir merken, Zuckerpüppchen«, grinste Romeo und nickte. »Ja, das werde ich sicher.«

»E.T. Satisfy, ja? Wohnort Dallas.«

»Stimmt genau.«

Der Blick des Empfangschefs wanderte vom Anmeldeschein über den Schreibtisch und blieb prüfend an Ernest Tubb hängen.

GESCHICHTS-
STUNDE

»Wie wollen Sie zahlen?«

»Cash«, sagte Ernest Tubb und reichte dem Empfangschef eine Hundertdollarnote.

Der Empfangschef nahm sie, besah sie sich von beiden Seiten, ging damit in einen Nebenraum, kehrte kurz darauf zurück und händigte Ernest Tubb sein Wechselgeld sowie eine Quittung und den Zimmerschlüssel aus.

»Hier! Nummer 237. Nach oben und dann rechts. Automaten für Eis und Cool Drinks gleich neben dem Treppenabsatz. Falls Sie noch etwas brauchen, rufen Sie.«

»Besten Dank.«

Sobald er im Zimmer war, rief er zu Hause an.

»Glory Ann? Ich bin's, Ernest Tubb.«

»Wo, in Dreiteufelsnamen, bist du?« schrie sie. »Ich war schier verrückt vor Sorge.«

»Reg dich ab, Frau. Ich bin auf Madre Island im Holiday. Hab' in Larry Lee County einen Hinweis erhalten, daß Estelle und Duane Orel womöglich hierherkommen. Es sind College-Ferien, und die Kids feiern Partys an beiden Seiten

142

der Grenze. Hab' gehört, daß zwei von ihnen vor einer Woche entführt wurden. Könnten die beiden sein. Sobald ich aufgelegt habe, mache ich mich auf den Weg nach Mextown.«

»Entführt! Jesus Maria! Rita Louise Samples ist gerade bei mir, und Marfa Acker wird später noch einmal vorbeischauen. Seit du mich verlassen hast, sind mir die beiden Trost und Stütze gewesen.«

»Ich hab' dich nicht verlassen. Ich sagte dir doch, daß ich Estelle suchen gehe.«

»Wenn ich dich auch noch verliere, weiß ich nicht, was ich tun werde.«

»Du wirst nichts verlieren, Glory, nicht einmal Gewicht. Oder hältst du dich noch an die Limabohnen-Diät, auf die dich Dr. Breaux gesetzt hat?«

»Ernest Tubb, das meinst du doch nicht im Ernst! Wie sollte man in einer solch schwierigen Zeit an Diäthalten denken!«

»Ich meine es ernst, Glory Ann. Du ißt wie eine ganze Riege muskelbepackter Speerwerferinnen, die in einem Arby's einen draufmachen, und wirst demnächst einfach platzen! Rita Louise und Marfa können dann deine Eingeweide von den Küchenwänden abkratzen und in einen Sarg schmeißen, damit man dich bestatten kann. Du wirst dich von ihren Sahnetorten fernhalten, hast du verstanden?«

Glory Ann begann zu weinen.

»O Ernest Tubb, du bist nichts weiter als ein gemeiner kleiner Wicht!«

»Limabohnen, Glory Ann. Limabohnen«, sagte er und legte auf.

Ernest Tubb lenkte seinen Continental rückwärts aus dem Parkplatz heraus, fuhr dann zum Ausgang des Motelgeländes und bog nach rechts ab. Er dachte daran, wie

Glory Ann und er das letzte Mal Sex gehabt hatten. Sie hatte darauf bestanden, auf ihm zu sitzen, und hätte ihn beinahe zerquetscht. Er hatte sich gefühlt, wie sich seiner Vorstellung nach jene Menschen gefühlt haben mußten, die während des großen Bebens in Kalifornien in ihren Autos unter der Last dieser herabfallenden Schnellstraße begraben worden waren.

Es dauerte einige Sekunden, bevor Ernest Tubb merkte, daß er mit seinem Mark IV in falscher Richtung in eine Einbahnstraße abgebogen war. Bis er dann die Schnauze des White Freightliners sah und die Hupe hörte, war es für ihn bereits zu spät, noch irgend etwas zu tun.

»O Glory!« sagte Ernest Tubb, und dann wurde er Geschichte.

»Sie wissen, was getan werden muß?«

»Ja, ich weiß.«

»Und Sie haben kein Problem damit?«

GESPRÄCH IM
KINDERGARTEN

Reggie zögerte und schüttelte schließlich den Kopf.

»Gut.«

Santos schenkte sich mehr Glenmorangie ein, schwenkte die braune Flüssigkeit im Glas und blickte versonnen auf sie hinunter.

»Sie und Ihr Cousin sind enge Freunde gewesen, nicht wahr?«

»Wir sind zusammen aufgewachsen, doch dann haben Romeo und seine Mutter die Karibik verlassen. Unser Kontakt ist aber nie abgebrochen.«

Santos nahm seine gelbgefaßte Sonnenbrille ab und legte sie auf den Tisch. Er rieb sich die Augen mit seiner linken verstümmelten Hand und strich sich die Haare zurück. Schließlich heftete er seinen Blick auf Reginald San Pedro Sula, der sich am liebsten vor den beiden zuckenden Tieren, die in Marcellos Gesicht gefangen waren, abgewandt hätte, sich jedoch eisern zusammenriß und dem Blick ohne zu blinzeln standhielt. Santos' Augen hatten die Farbe eines lichterloh brennenden Weihnachtsbaumes.

»Es hat nichts mit irgendwelchen persönlichen Motiven zu tun«, sagte Santos, »aber Romeo hat einige schreckliche Dinge getan, Dinge, die so grauenhaft sind, daß ihm nicht einmal die mexikanische Behörde bei seinen Transaktionen noch länger grünes Licht gewähren kann. Ich habe ein paar Leute losgeschickt, damit sie sich der Situation in Zopilote annehmen. Von nun an werden wir das Geschäft in die Hand nehmen. Um diesen Wechsel zu bewerkstelligen, war es notwendig, Ihren Cousin aus dem Gebiet zu entfernen. Unterdessen erweist er uns den Gefallen, andere Waren für uns zu transportieren, wofür er angemessen entschädigt wird. Sobald die Lieferung sichergestellt ist, werden Sie ihm den Rest der vereinbarten Summe überreichen und ihn anschließend töten.«

Santos hob sein Glas mit seiner intakten rechten Hand und kippte den Scotch zu zwei Dritteln hinunter.

»Wenn Romeo tot ist«, sagte er, »hat natürlich das Geld für ihn keinen Wert mehr, also werden Sie es als Bezahlung für Ihre kleine Gefälligkeit nehmen.«

»Das ist überaus großzügig von Ihnen«, sagte Reggie.

Santos schloß die Augen und schüttelte den Kopf.

»Nicht großzügig, Reggie, gerecht. Das ist ein Unterschied.«

Er öffnete die Augen und setzte die Sonnenbrille wieder auf. Reggie entspannte sich, nahm seinen graublauen flachen Filzhut ab und wischte sich mit einem limonengrünen Taschentuch den Schweiß von der Stirn.

»Täuschung ist nichts weiter als ein kluges Hilfsmittel«, sagte Santos. »Haben Sie jemals von Captain Philippe Legorjus gehört?«

»Ich glaube nicht, Sir.«

»Nun, er ist der Kommandant von Frankreichs Anti-Terror-Eliteeinheit. Vor nicht allzu langer Zeit wurde er von seiner Regierung nach Neukaledonien gesandt, damit er auf der Insel Oueva einen Aufstand rebellischer Kanaken erstickt. Neukaledonien ist Teil des französischen Überseeterritoriums im südlichen Pazifik, deshalb mußten die französischen Bürger, die dort leben, beschützt werden. Es ist auch der Ort, an dem die Franzosen ihre Atomtests durchführen.

Jedenfalls wurde Captain Legorjus, zusammen mit zweiundzwanzig weiteren Männern, von den Rebellen entführt. Der Führer der Kanakischen Nationalsozialistischen Befreiungsfront – ich glaube, so hieß sie – war eine Art religiöser Fanatiker und von Ghadafi in Lybien für den Guerillakampf ausgebildet worden. Dieser Mann schwor, das französische Überseeterritorium im Südpazifik in einem Zustand permanenter Unsicherheit zu halten, sollten die Forderungen der Separatisten nach Unabhängigkeit nicht erfüllt werden. Die übliche Geschichte eben. Ich erinnere mich noch an ein Zeitungsfoto von ihm, wie er mit Kapuze, Gewehr in der Hand und die Taschen seiner Tarnjacke mit Munition vollgestopft dastand. Er drohte, täglich einen Weißen umzubringen, solange die französische Regierung Nouméa, die Hauptstadt Neukaledoniens, besetzt hielt.

Während der Kanakenführer weiterhin seine Reden an die Presse richtete, organisierte Legorjus die Geiseln und führte sie nicht nur in die Freiheit, sondern brachte auch den Separatisten-Stützpunkt unter seine Gewalt, entwaffnete die Rebellensoldaten und nahm deren Führer gefangen, worauf Hunderte von französischen Marineinfanteristen ausschwärmten und die Ordnung wiederherstellten. Bei seiner Rückkehr nach Paris, wurde Legorjus mit einer Militärparade entlang der Champs-Elysées geehrt und zum Nationalhelden erklärt.«

Santos brach ab und blickte zu Reggie, der lächelnd sagte: »Muß ein mutiger Mann gewesen sein, dieser Captain.«

Santos nickte. »Mutig und listig, Reggie. Ich habe es mir

zum Prinzip gemacht, mich mit solchen außergewöhnlichen Männern zu beschäftigen. Aus ihrem Verhalten kann man sehr viel lernen. Es ist mein fester Glaube, daß man das Leben gemäß der eigenen Richtlinien leben muß, andernfalls ist es nicht lebenswert.«

»Ich bin sicher, daß Sie da recht haben, Mr. Santos.«

Marcello leckte über den Stumpf an seiner linken Hand, wo einstmals sein Daumen gewesen war.

»Ich weiß, sie werden gute Arbeit für mich leisten«, sagte er, ging zum Fenster hinüber und blickte in den Himmel hinaus.

»Ah, *si sta facendo scuro*«, sagte Santos. »Es wird dunkel. Wissen Sie, Reggie, ich bin fast siebzig Jahre alt, und obwohl ich viel zu viel weiß, gibt es nichts, was ich dagegen tun könnte.«

Woody blickte zum Swimmingpool hinüber.
Drei Kinder und ein Hund, ein Golden Retriever,
schwammen darin. Offenbar störten sich die

WELLEN

Motelgäste nicht daran,
daß ein Hund im Swim-
mingpool planschte. Woody war jetzt seit mindestens fünfzehn Minuten hier, und bisher hatte
niemand irgendeine Bemerkung darüber gemacht. Kalifornien war ohnehin eine völlig andere Welt, dachte Woody. Vielleicht hatte sich
eine Gruppe zur Wahrung der Rechte von Tieren dafür stark gemacht, daß Hunden die Nut-
zung von Motel-Pools gestattet wurde.

Das Wild Palms Motel, in dem Woody Dumas
abgestiegen war, befand sich mitten in Hollywood, einen Block südlich vom Sunset. Es war
kein Ort, an den Woody sich jemals gewöhnen
oder an dem er gar Gefallen finden könnte. Sicher, das Wetter war in Ordnung, aber die Leute
in L.A. hatten eine Art zu sprechen, die Woody
ziemlich auf den Sack ging. Es war, als wären sie
überzeugt, daß alles, was sie sagten, entweder
eine tiefere Bedeutung hatte oder etwas anderes
bedeutete als das, was Woody zu verstehen
meinte. Vielleicht lag es an der Aura der Filmin-
dustrie, daß alle sich fühlen wollten, als gehörten
sie irgendwie dazu, wie in einem Club, und
wären gewissermaßen ein integraler Bestandteil
der gesamten Filmmaschinerie. Woody konnte

es nicht richtig in Worte fassen, aber was immer es auch war, er kapierte es ohnehin nicht.

Nicht, daß ihn das gestört hätte. Er war in der Stadt, um einen Job zu erledigen, und heute abend würde er gegenüber einem Lagerhaus in der Ivar, die direkt vom Hollywood Boulevard abzweigte und nur wenige Blocks vom Palm Springs entfernt war, Stellung beziehen und auf die Ankunft einer verbotenen Fracht für die Kosmetikindustrie warten. Laut dem besten Computerinformationssystem, das den verschiedenen Behörden zugänglich war, betrieb Crazy Eyes Santos Kosmetikfirmen an der Westküste und ließ einen Großteil der Arbeit von illegalen Einwanderern aus Mexiko erledigen. Würde es gelingen, eine Lieferung vom erwarteten Umfang heute abend oder morgen zu beschlagnahmen, würden sie dem Ziel, das Unternehmen zu sprengen, einen großen Schritt näherkommen.

Woody beschloß, zu Mittag zu essen und anschließend ins Motel zurückzukehren, um ein Nickerchen zu machen. Auf dem Weg zu seinem Wagen ging er am Swimmingpool vorbei und bemerkte eine schöne junge Frau, die in einem Liegestuhl saß und sich hingebungsvoll mit Sonnencreme einrieb. Sie war schlank, hatte lange blonde Haare und sehr lange Beine. Sie trug einen orange-schwarz getigerten Bikini und eine übergroße blaue Sonnenbrille, deren Fassung wie Schmetterlingsflügel geformt war. Der Golden Retriever hatte seine Pfoten vor der jungen Frau auf den Beckenrand gelegt und bellte aufgeregt in ihre Richtung. Ein geradezu furchterregend fetter Mann, der außer lavendelblauen Bermuda-Shorts nichts trug, was seine enormen käsebleichen Fleischmassen bedeckt hätte, näherte sich und sprang in den Pool, wobei er eine nicht unerhebliche Menge an Wasser verdrängte, die sich zum größten Teil

150

auf die junge Frau entlud und sie bei ihrer weihevollen Handlung unterbrach.

»Marv, du fettes Stück Schweinescheiße!« kreischte sie und sprang auf. »Mußte das denn sein?«

Der Golden Retriever kletterte mühsam aus dem Pool und schüttelte direkt neben der Frau kräftig sein nasses Fell aus.

»Herrgott noch mal!« rief sie und schleuderte die Plastikflasche mit der Sonnenmilch nach dem Hund, verfehlte ihn jedoch auf wundersame Weise um gute zwei Meter. »Das verspricht ja eine gottverdammt beschissene Zeit zu werden!«

Woody ging weiter zum Parkplatz, schloß den nicht gekennzeichneten Überwachungswagen auf und ließ den Motor an. Spontan beschloß er, nach Santa Monica hinauszufahren, ans Meer. Er könnte sich mit einem Sandwich auf eine Bank setzen und eine Weile auf das Meer hinausblicken.

Er hatte sein Sandwich zur Hälfte gegessen und trank durch den Strohhalm aus einer Dose Canada Dry Ginger Ale, als sich ein großer hagerer Mann, den Woody auf etwa Mitte Vierzig schätzte, neben ihn auf die Bank setzte. Der hochgewachsene Mann hatte Ähnlichkeit mit dem Schaupieler David Carradine, überlegte Woody, allerdings in einer eher gequälten, jämmerlichen Rolle, etwa so, wie Carradine als Ex-Priester in dem Film *The Grapes of Wrath* ausgesehen hatte. Die Kleidung des Mannes war schäbig und abgetragen, und er hatte dringend eine Rasur nötig, doch er hielt sich aufrecht und erweckte den Anschein, mit sich im reinen zu sein.

»Stört es Sie, wenn ich mit Ihnen spreche?« fragte der Mann.

»Nein«, erwiderte Woody.

Der Mann wandte sich Woody zu und musterte eingehend dessen Verband. Seine Augen waren schwarz, ohne jedes Licht. Als er sprach, fiel Woody auf, daß ihm mehrere Zähne fehlten.

»Sie haben sich verletzt.«

»Verbrannt«, sagte Woody.

»Ich hoffe, Sie müssen nicht allzu sehr leiden.«

»Es geht ganz gut, danke.«

Der Mann richtete seinen Blick wieder auf das Meer.

»Wellen sind der Herzschlag der Erde«, sagte er.

»Nicht schlecht«, sagte Woody. »Gefällt mir.«

»Ich war mal Dichter. Und Sänger, in Nightclubs. Ich habe die Lieder gesungen, die ich geschrieben habe. Aber jetzt nicht mehr.«

»Warum haben Sie aufgehört?«

»Sie denken vermutlich, ich sei Alkoholiker oder drogenabhängig, aber das stimmt nicht. Natürlich trinke ich hin und wieder ganz gern einen Martini, und Drogen habe ich auch ausprobiert, doch die sind nicht für meinen Zustand verantwortlich, der, wie sie ja selbst sehen können, nicht gerade glänzend ist. Ich habe einfach das Interesse am Leben verloren, das ist alles. Daran kann man niemandem die Schuld geben, nicht einmal mir selbst. Ich bin auch nicht verrückt. Zumindest glaube ich das. Eines Tages hat der Zug für mich angehalten, und ich habe ihn weitergewunken.«

»Sind Sie hungrig?« fragte Woody. »Sie können die Hälfte meines Sandwichs haben, wenn Sie möchten.«

Der Mann nahm das Sandwich von Woody entgegen und legte es sich auf den Schoß.

»Sie sind sehr gütig«, sagte er. »Sind Sie ein religiöser Mensch?«

»Eigentlich nicht. Nein.«

»Ich auch nicht, bin es nie gewesen. Organisierte Religion ist ungehörig.«

»Hier, Sie können den Rest haben«, sagte Woody. Er reichte dem Mann die Dose Ginger Ale und stand auf. »Ich muß gehen.«

»Ich weiß, Ihr Zug erwartet Sie.«

Woody lachte. »Ja, irgendwie schon.«

»Damit Sie mich nicht mißverstehen«, sagte der Mann. »Es ist nicht so, als hätte ich keine Wahl.«

»Ich glaube Ihnen«, sagte Woody und sah zu, wie der Mann in das Sandwich biß.

»He, Alter, verdammt lang her, was?«

»Zu lang, finde ich.«

Doug Fakaofo und Romeo umarmten einander und lächelten.

KAMPF-

GEFÄHRTEN

»Hab' mich riesig gefreut, als ich hörte, daß du kommst«, sagte Doug.

»Was führt dich her?«

»Geschäfte, so ist das heutzutage nun mal. Was natürlich nicht heißt, daß wir keine Zeit hätten, zwischendurch ordentlich einen draufzumachen«, lachte Romeo.

»Klingt prima, Mann!«

»Aber ich muß dich um einen Gefallen bitten, Doug. Ich hab' 'n paar Leute dabei, und die möchte ich gern hier lassen, während ich etwas erledige. Wird nicht lange dauern, wahrscheinlich nur 'n paar Stunden. Wir haben 'ne lange Fahrt hinter uns, und sie werden vermutlich sowieso 'ne ganze Weile schlafen.«

»He, Mann, klar doch, kein Problem. Sie werden hier sicher sein. Bring sie ins Haus.«

»Danke, Doug. Ich wußte, ich kann auf dich zählen.«

»Jederzeit.«

In El Centro hatte Romeo von einer Telefonzelle aus mit Lily Fakaofo, Dougs Frau, gesprochen. Doug war zu diesem Zeitpunkt gerade unterwegs gewesen, doch Lily hatte Romeo mit-

154

geteilt, daß sie sich freuen würden, ihn zu sehen. Die Fakaofos lebten in Hacienda Heights, einem großflächigen Samoanisch-Amerikanischen Viertel von Los Angeles. Die Samoanische Gemeinde war sehr geschlossen, voller Argwohn gegenüber der amerikanischen Lebensart; sie blieben meist unter sich. Nicht einmal die Polizei wußte viel über die dort lebenden Menschen, und so schien es Romeo auch der perfekte Ort zu sein, um Estrellita und Duane zu verstecken, während Perdita und er die Fracht bei Reggie in Hollywood ablieferten.

Doug ›Big Brown‹ Fakaofo war mit Romeo in der Marine gewesen, und der Kontakt war seitdem nie abgebrochen. Die Fakaofos waren Gewohnheitskiffer und wußten es sehr zu schätzen, daß ihnen Romeo zu Geburtstagen und zu Weihnachten das Zeug kiloweise mit UPS aus Texas zuschickte. Sowohl Doug als auch Lily waren massige Persönlichkeiten; Doug ging auf die hundertvierzig Kilo zu, und Lily konnte mit ansehnlichen hundertfünf Kilo aufwerten. Lilys Bruder, Tutu Nukuono, dem Romeo nur einmal begegnet war, wog einiges über hundertfünfzig Kilo. Tutu hatte bis vor wenigen Monaten mit Doug als Klempner gearbeitet, doch dann hatte er im Verlauf einer Schlägerei auf dem Parkplatz der Moonlight Lagoon, einer einheimischen Bar, in der vorwiegend Leute von den Pazifischen Inseln verkehrten, einen Polizisten mit einer Kette erschlagen. Jetzt verbüßte Tutu in Folsom eine lebenslange Freiheitsstrafe ohne die Möglichkeit einer vorzeitigen Entlassung.

»Tat mir echt leid, als ich das mit deinem Bruder hörte, Lily«, sagte Romeo. »Er ist 'n guter Kerl.«

Lily zuckte die Achseln. »Hätte wissen müssen, daß man nicht auf Uniformierte eindrischt. Seine Biker-Kumpel und er sind einfach ausgerastet, als sie irgendwelchen Devil's Dragons begegneten, die im Viertel herumstreunten.«

»Weiße Jungs, die auf andersfarbige Muschis scharf sind«, sagte Doug. »Na ja, jedenfalls kam's zu einem Gerangel mit Tutus Gang, die Bullen rollten an, einer der Uniformierten kam Tutu in die Quere, und das war's dann. Vor der Hinrichtung ist er nur verschont geblieben, weil man ihm keinen vorsätzlichen Mord nachweisen konnte.«

»Tja, Folsom ist auch nicht gerade ein Honigschlecken«, sagte Romeo.

Doug nickte. »Yeah, aber Tutu hat sich bereits ein paar Freunde gemacht. Wenn einer dort klarkommt, dann er. So, und jetzt laß uns deine Leutchen holen.«

Lily teilte Romeo mit, daß sie Duane und Estrellita etwas zu essen geben und sie danach im hinteren Zimmer einsperren würde, jenem Zimmer, in dem früher Tutu geschlafen hatte. Doug erbot sich, Romeo im Truck zu begleiten; Perdita würde ihnen im Cherokee folgen, und anschließend würden sie alle drei nach Hacienda Heights zurückfahren.

»Ist 'ne ganz schön ausgebuffte, sexy Lady, diese Perdita«, sagte Doug zu Romeo, als sie aufbrachen, um die Waren zu liefern.

Romeo grinste. »Du meinst, sie hält einen ziemlich auf Trab, was?«

Doug lachte. »'ne Stunde oder länger könnte ich sie wohl auch auf Trab halten, wenn ich mich hart genug anstrenge.«

»Hätte ich von dir auch nicht anders erwartet, Big Brown. Perdita Durango ist ganz okay. Hab' sie an einem Früchtestand in New Orleans aufgegabelt. Ist allerdings ziemlich eigensinnig, die Frau.«

»Du mußt einfach darauf achten, daß sie nicht länger wachbleibt als du, wenn sie über irgendwas wütend ist. Bei manchen Frauen ist es nötig, daß man sie im Auge behält. Lily hingegen ist immer auf meiner Seite, egal, was ansteht.«

»Bist 'n Glückspilz, Doug. Bleib, wie du bist.«

»Versuch' mein Bestes. Was hast du eigentlich mit diesen Kids vor?«

»Gute Frage. Ich glaube, wir haben aus ihnen alles an Vorteilen herausgeschunden. Sie haben zuviel gesehen, um sie jetzt noch freilassen zu können. Sobald die Sache hier über die Bühne gelaufen ist, werde ich mich darum kümmern.«

Romeo hielt im Seitenspiegel immer wieder nach Perdita Ausschau. Sie blieb die ganze Strecke über dicht hinter ihm. Als Romeo den Truck vor einem Lagerhaus in der Ivar anhielt, fuhr Perdita den Cherokee daran vorbei und parkte ihn etwa einen halben Block weiter. Doug und Romeo stiegen aus, und Romeo ging zu dem Lagerhaus hinüber und klopfte an den Seiteneingang.

»*Hola, primo!* Du hast es also geschafft«, sagte Reggie, nachdem er die Tür geöffnet hatte. »Komm rein.«

»Ich hab' 'nen Freund dabei, Doug Fakaofo. Ich hab' dir von ihm erzählt Reggie, erinnerst du dich? ›Big Brown.‹ Er war mit mir in Beirut.«

»Klar erinnere ich mich«, sagte Reggie, während er Doug die Hand schüttelte. »Komm rein.«

Sobald sich die Tür geschlossen hatte, stieg Woody Dumas aus dem Überwachungswagen und gab mit dem rechten Arm den Männern. die auf dem Dach neben dem Warenhaus Stellung bezogen hatten, ein Zeichen. Im selben Moment näherten sich von allen Seiten an die zehn, zwölf Autos, in denen sich sowohl FBI-Männer als auch ansässige Polizeibeamte befanden, und umstellten das Gebäude. Zwei Männer rammten einen Sturmbock gegen die Tür, die augenblicklich nachgab, und angeführt von Woody Dumas, rannten die Polizisten nun hintereinander in das Gebäude.

Woody sah, wie Reginald San Pedro Sula, der einen

blauen Denim-Freizeitanzug und eine Baseballkappe der Los Angeles Dodgers trug, zwei Schuß aus einer .45er Automatik abfeuerte; den ersten in die Stirn von Romeo Dolorosa, den zweiten in die linke Schläfe von Doug Fafaoko. Beide Männer waren sofort tot.

»FBI!« brüllte Woody, als die Männer den Schützen umstellten.

Reggie ließ die Waffe fallen und hob die Hände. Er begann zu lächeln, doch noch bevor er sein Lächeln beenden konnte, wurde er von mehreren Männern gepackt und zu Boden geworfen, wobei sein Kopf hart auf dem Betonboden aufknallte. Woody kniete neben den erschossenen Männern nieder und überprüfte, ob sie auch wirklich tot waren. Die Stirnwunde bei dem kleineren der beiden Männer war groß genug, um eine ausgewachsene Wanderratte hindurchkrabbeln zu lassen. Der Mund des Mannes stand offen, und Woody konnte nicht anders, als ob der ungewöhnlich großen, perfekt geformten weißen Zähne beeindruckt zu sein, die selbst im Tod noch ein kraftvolles weißes Licht ausstrahlten.

158

Lily Fakaofo war noch zu später Stunde wach. Sie saß am Küchentisch, las die Zeitung, lauschte dem 24-Stunden-Nachrichtensender im Radio, rauchte eine Zigarette und arbeitete sich gemächlich durch die zweite Packung Nilla-Waffeln hindurch, die sie aß, seit Doug, Romeo und Perdita vor zweieinhalb Stunden das Haus verlassen hatten. Estrellita und Duane schliefen in Tutus Zimmer.

SPÄT-NACHRICHTEN

»Aus Harare, Simbabwe, erreicht uns folgender Bericht«, ertönte es aus dem Radio. »Der Simbabwe-Fußballverband hat gestern vier Spieler lebenslang gesperrt, weil sie auf einem Fußballplatz in Harare öffentlich auf das Spielfeld urinierten. Der Verbandspräsident, Nelson Chirwa, sagte, der Verein sei entsetzt über das Verhalten, das die vier Spieler des Südtongogara-Teams letzten Sonntag an den Tag gelegt hätten. ›Es ist Erregung öffentlichen Ärgernisses, wenn ein Spieler in aller Öffentlichkeit auf ein Fußballfeld uriniert‹, sagte Chirwa. ›Wir alle wissen, daß es sich lediglich um Aberglauben handelt und daß der Juju-Glaube, dem nahezu alle Clubs anhängen, vom Verband auf das Schärfste mißbilligt wird.‹ Chirwa äußerte weiter, daß die vier Spieler von Medizinmännern den Rat erhalten hätten, auf das Spielfeld zu urinieren, da es ihnen angeblich den Sieg sichern würde. Dem war jedoch nicht so. Tongogara verlor zwei zu Null.«

Lily lachte und zog an ihrer Bel-Air Menthol Slim. Doug hatte ihr erzählt, er glaube, daß Romeo Dolorosa mit irgendeiner Art von Voodoo-Kult unten in Mexiko oder Texas zu tun hatte, aber sie wollte nichts darüber wissen. In der Welt passierten eine ganze Menge wirklich mysteriöser Dinge, überlegte Lily; da mußte man sich nicht auch noch diesen faulen schwarzen Hokuspokus reinziehen. Man denke nur an diese merkwürdige Geschichte in Rußland, über die sie gerade in der Zeitung las.

Ein zweiundvierzigjähriger französisch-armenischer Multimillionär und Kunsthändler, der obendrein auch ein bekannter Dichter war, war vor fünf Monaten spurlos in Moskau verschwunden. Er hatte in seinem Hotelzimmer in der Nähe des Roten Platzes eine Besprechung mit drei sowjetischen Geschäftspartnern gehabt, als er einen Telefonanruf erhielt. Nachdem er kurz mit dem Anrufer gesprochen hatte, legte er auf und bat seine Partner, im Zimmer auf ihn zu warten, da er kurz weg müsse, doch innerhalb einer Stunde wieder zurück wäre. Sie sahen ihn in eine schwarze Zhiguli-Limousine einsteigen und davonrasen, und seitdem hat ihn niemand mehr gesehen oder von ihm gehört, einschließlich seiner Familie in Paris.

Polizei, KGB-Agenten und die sowjetische Regierung, insbesondere die Abteilung Bildende Künste des Kulturministeriums, mit der er mehrere Jahre in Geschäftsverbindung gestanden hatte, stellten Nachforschungen an. Man mutmaßte, daß mit der Umstrukturierung der sowjetischen Gesellschaft und dem wachsenden Freiraum für Unternehmer der Kunsthändler in den ungesetzlichen Export von russisch-orthodoxen Ikonen und anderer Kunstgegenstände verwickelt war und gemeinsame Sache mit den verschiedenen kriminellen Organisationen, die überall in der

Sowjetunion operierten, gemacht hatte. Maßgebliche Behörden in Moskau schenkten dem Fall besondere Aufmerksamkeit, da sie glaubten, er könnte zur Entlarvung einer ansässigen Mafia-Organisation führen.

Laut einem Beamten des Kulturministeriums war dieser Kunsthändler ein aufgeweckter Mann, der mehrere Sprachen fließend beherrschte, einen breit gestreuten Freundeskreis in vielen Ländern hatte, sehr selbstbewußt war und die Meinung vertrat, es gäbe nichts, womit er nicht fertigwerden könnte. Er hatte seine Millionen in einer sehr kurzen Zeit gemacht, etwa innerhalb einer Dekade, nachdem er mit so gut wie nichts in einer Pariser Galerie angefangen hatte. Seine Familie war fest davon überzeugt, daß er keine Geschäfte mit Gangstern geführt hatte.

Die mit der Ermittlung beschäftigten Personen stellten die Theorie auf, daß der Kunsthändler in einen Machtkampf zwischen den sieben führenden Moskauer Mafia-Familien geraten war und sich plötzlich in einer Situation wiedergefunden hatte, mit der er nicht mehr fertig wurde; oder daß man ihn einfach hereingelegt und dann beiseitegeräumt hatte. In Armenien und Paris wiederum kursierte das Gerücht, daß er Kunstgegenstände direkt an die sowjetische Regierung verkauft hatte, darunter jedoch auch eine ganze Anzahl von Fälschungen, worauf er vom KGB umgebracht und in einem Wald außerhalb von Moskau abgeladen worden war. Diese Version beinhaltete auch, daß man die Leiche fünf Tage nach dem Verschwinden des Mannes gefunden hatte, die Familie dies jedoch vertuschte und vorgab, von nichts zu wissen, um die Galerie und seinen Ruf als Kunsthändler nicht in Mißkredit zu bringen. Alles in allem blieb der Fall jedoch ein Geheimnis, das vielleicht niemals enthüllt werden würde.

»Ha!« sagte Lily, als sie die Seite umblätterte. »Wieder mal ein Obermacker, der schlauer war, als es ihm gut tat.«

Lily verschlang eine weitere Nilla-Waffel und streckte sich. Sie überlegte, daß Doug mit Romeo und Perdita wahrscheinlich noch feiern gehen würde, wenn sie, was immer es war, geliefert hätten, und wollte gerade ins Bett gehen, als eine Radiomeldung sie aufhorchen ließ.

»Eine Schießerei in Hollywood endete heute abend mit zwei Toten und der Festnahme eines weiteren Mannes durch Bundesmitarbeiter des Drogendezernats, des FBI und des Los Angeles County Sheriff's Departments. In einer illegalen kosmetischen Fabrik, die auf die Verwendung nicht genehmigter Produkte spezialisiert ist und mit Hilfe organisierter Verbrecherbanden in Zentral-Hollywood operiert, fand um Mitternacht während einer Übergabe von ungefähr einer Kubiktonne menschlicher Plazentas eine Razzia statt. Wie die Polizei bekanntgab, handelt es sich bei den Toten um Romeo Dolorosa aus Tampa, Florida, und Douglas Fakaofo aus Los Angeles. Bei dem Festgenommenen handelt es sich um Reginald San Pedro Sula, einem Bürger der zentralamerikanischen Republik Karibik. Alle drei Männer stehen im Verdacht, Mitglieder der von Marcello ›Crazy Eyes‹ Santos geleiteten kriminellen Vereinigung zu sein, die in New Orleans, Louisiana, sowie in Dallas, Texas, ihre Stützpunkte hat. Laut dem Sonderermittler des Drogendezernats, Woodrow W. Dumas, der die Razzia leitete, ist mit der Beschlagnahmung der Fracht von etwa zweitausend Pfund Plazentagewebe, die bei der Herstellung von Anti-Falten-Cremes verwendet wird, sowie mit der Entdeckung der illegalen Fabrik ein entscheidender Durchbruch gelungen. Weitere Festnahmen werden erwartet. Tja, Leute, die Hautvermarktung in Hollywood hat viele Gesichter.«

Lily ließ sowohl ihre Zigarette als auch die Waffel, die sie gerade aus der Packung genommen hatte, fallen, stand auf und warf dabei ihren Stuhl um. Sie stürmte zum hinteren Schlafzimmer, sperrte die Tür auf und knipste das Licht an.

»Steht auf! Los, aufstehen!« kreischte sie Estrellita und Duane an, die aneinandergeschmiegt im Bett lagen. »Steht auf und verschwindet! Verschwindet aus meinem Haus! Macht schon, haut ab!«

Estrellita und Duane rannten in die Nacht hinaus, liefen die Straße hinunter so schnell sie konnten. Lily brach in Tutus Zimmer zusammen.

»Doug!« schrie sie. »Doug, du dicker brauner Blödmann! Du armer, dicker, schöner, toter Blödmann! Was soll deine häßliche samoanische Mama Lily jetzt ohne dich tun?«

Sobald Frankie Toro die Frau erspähte, fuhr er seinen kirschroten Lexus an den Bordstein, drehte sich zur Seite und kurbelte das Beifahrerfenster

SPÄTES

RENDEZVOUS

herunter. Sie lehnte an einem schlammbespritzten schwarzen Jeep, der auf dem der Straße zugewandten Parkplatz eines Oki-Dog am Santa Monica Boulevard abgestellt war, hielt einen Softdrink-Becher in der Hand und rauchte eine Zigarette.

Dies war zweifellos die schärfste Mieze, die Frankie Toro heute nacht gesehen hatte. Zwei-, dreiundzwanzig, etwa einsfünfundsechzig, an die fünfundfünfzig Kilo, straffer Körper, glänzende schwarze Haare bis fast zum Arsch hinunter, Haut wie *café con leche*. Eine echte *chicana*-Puppe. Sie erinnerte Frankie an Tura Sultana, jene stahlwangenknochige, *nagual*-äugige, japanisch-irokesische Lederschlampe, die er in Russ Meyers Wüsten-Action-Titten-Film *Faster Pussycat, Kill! Kill!* gesehen hatte.

»He, *guapita!*« schrie Frankie zu ihr hinüber. »Lust auf 'ne kleine Spritztour?«

Perdita nahm ihre Tasche, schlang sie sich über die rechte Schulter, spazierte dann langsam zu dem Lexus und musterte den grinsenden, eifrigen Idioten. Sie lächelte ihn an, so daß sich die Kobras über ihren Augen wohlig ausstreckten. Frank schob die Tür auf.

»Ich konnte es wirklich kaum erwarten, daß du mich endlich fragst«, sagte sie immer noch lächelnd zu Frankie und schlüpfte hinein.

»Mama?«

»Estelle? Bist du es? Hier ist Rita Louise.«

»Oh, Mrs. Samples. Ist meine Mama da?«

LICHT IN DER

DUNKELHEIT

»Nein, Kleines, nein, sie ist unten in der Leichenhalle und trifft die nötigen Vorbereitungen. Sie ist völlig außer sich vor Sorge um dich. Wo warst du? Bist du in Ordnung?«

»Welche Vorbereitungen, Mrs. Samples? Warum ist sie in der Leichenhalle?«

»Oh, was rede ich da! Natürlich, wie solltest du es auch wissen?«

»Was wissen? Was sollte ich wissen?«

»Dein Daddy, Estelle, Kleines. Ernest Tubb. Er ist bei einem Autounfall auf Madre Island ums Leben gekommen. Die Leiche ist heute eingetroffen.«

»Autounfall? Daddy ist tot?«

Estelle ließ den Hörer fallen und sank ohnmächtig in der Telefonzelle zu Boden.

»Estelle? Estelle, bist du noch dran?« quakte Rita Louises Stimme aus dem herunterbaumelnden Hörer.

Duane klemmte sich Estelle unter den rechten Arm und ergriff mit der linken Hand den Hörer.

»Mrs. Samples? Hier ist Duane Orel. Estelle ist wohl irgendwie ohnmächtig geworden. Teilen

166

Sie Glory Ann einfach mit, daß wir jetzt in Sicherheit sind. Wir konnten entwischen. Und sie möchte uns doch bitte das Geld für den Heimflug telegrafieren.«

»Natürlich werde ich ihr das ausrichten, Duane, sicher. Aber wo seid ihr?«

»In Los Angeles, Kalifornien, Ma'am. Western Union, Downtown müßte genügen. Wir werden uns dorthin auf den Weg machen, sobald Estelle wieder zu sich gekommen ist. Wir haben uns die ganze letzte Nacht über im Dickicht versteckt.«

»Meine Güte, Duane, das Leben ist manchmal ein einziges Durcheinander.«

»Ja, Ma'am. Verzeihen Sie, wenn ich das so sage, aber Scheiße passiert nun mal.«

Santos legte auf, ließ seine rechte Hand jedoch auf dem Telefon liegen. Er stöhnte und preßte die Lippen zusammen.

DAS ALTE

TESTAMENT

»Schlechte Nachrichten, Marcello?«

Er lehnte sich in dem ledernen Armlehnstuhl zurück und blickte durch seine dunklen Brillengläser hindurch zu Mona Costatroppo hinüber, die, ihre frisch rasierten und gecremten Beine unter ihr ausladendes Hinterteil geklemmt, auf einem zweisitzigen weißen Satinsofa thronte. Sie trug ein ausgeschnittenes schwarzes Kleid und eine einreihige Perlenkette, die Santos ihr bei Cartier in New York gekauft hatte. Sie hatte ihn neuntausend Dollar gekostet, erinnerte er sich. Mona hatte einen Drink in der einen Hand, eine nicht angezündete schwarze Zigarette in der anderen. Sie hat immer einen Drink in der Hand, überlegte Santos.

»*Una pioggia continua*«, sagte er.

»Was jetzt?«

»Was jetzt? Jetzt ist es genauso wie zuvor. Rundum beschissen. Als ersten hat es Dede erwischt. Dann *Il Pugno,* The Fist, den wir zum Töten losgeschickt haben und der selbst getötet wurde. Und jetzt Reggie, zusammen mit der Fabrik an der Westküste.«

»Welcher Reggie? Meinst du den *tutsun* aus Puerto Rico?«

»Aus der Karibik, nicht aus Puerto Rico.«

Mona nahm einen kräftigen Schluck von ihrem Gin.

»Du trinkst zuviel«, sagte Santos. »Außerdem wirst du fett.«

»Wie Lina, meinst du«, sagte Mona. »Du hast 'ne fette Ehefrau und willst nicht auch noch 'ne fette Freundin haben, stimmt's? Willst du mich loswerden, Marcello? Ja, hast du das vor?«

Santos nahm seine Hand vom Telefon, formte sie zu einer Pistole, indem er Ringfinger und kleinen Finger nach innen bog und den Daumen aufstellte, und zielte mit Zeige- und Mittelfinger auf Mona. Sie erstarrte.

»Päng«, sagte er.

»Hab' gehört, Sie hatten 'ne erfreuliche Reise.«

»Erfreulich würde ich nicht unbedingt sagen. Aber auf jeden Fall erfolgreich. Wir haben erreicht, was wir wollten. Aber dieses L.A. ist wirklich eine Welt für sich.«

ZURÜCK AUS DER EWIGKEIT

»Haben auch keine Verluste gemacht, wurde mir berichtet.«

»Nein, nicht bei den Unseren, aber ich hätte ganz gern auch die Zulieferer geschnappt. Santos' Revolverheld hat sie beide abgeknallt, bevor wir dort ankamen.«

»Was meinen Sie, warum wurde Dolorosa gelinkt?«

»Santos hat ihn in die Falle gelockt. Crazy Eyes kontrolliert die Grenze, und Dolorosa hat mit seiner *santería*-Nummer die ganze Gegend aufgemischt. Der Mord an dem Jungen war für Santos letztlich der Tropfen, der das Faß zum Überlaufen gebracht hat.«

»Er hat ja auch noch zwei College-Studenten entführt. Sie sind in L.A. aufgetaucht, wissen Sie das?«

»Hab' erst bei meiner Rückkehr nach Dallas davon gehört. Was haben sie über Perdita Durango erzählt?«

»Wollten nicht viel über sie reden, meinten nur, sie sei sehr sonderbar und gefährlich. Die beiden stehen ziemlich unter Schock. Der Vater des Mädchens kam bei einem Autounfall ums Leben, als das Mädchen nicht da war, was die Sache nicht gerade besser macht. Er war unterwegs, um sie zu suchen, und dabei ist es offenbar passiert.«

»Das ist hart. Wie ist ihr Name?«

»Satisfy. Estelle Kenedy Satisfy. Seiner ist Duane Orel King.«

»Mhm, Satisfy. Der Name kommt mir irgendwie bekannt vor, aber ich kann ihn momentan nicht einordnen.«

»Tja, Woodrow, ich muß los. Prima Arbeit geleistet, mein Alter.«

»*Gracias, señor.*«

»Ach, fast hätte ich's vergessen. Was macht Ihr Gehör?«

»Funtioniert wieder stereo.«

»*Bueno.* Dann also bis demnächst.«

171

Auf Shortys linken Bizeps waren die Worte EINE FRAU EIN LEBEN tätowiert und auf seinen rechten der Name CHERRY ANN.

14° CELSIUS UND

REGEN IN TUPELO

»Heißt sie so?« fragte ihn Perdita.

»Wer denn?« entgegnete Shorty.

»Ihre Frau. Heißt Ihre Frau Cherry Ann?«

»Hieß.«

»Sie hat den Namen gewechselt?«

Shorty lachte und schüttelte verneinend den Kopf.

»Hab' die Ehefrauen gewechselt«, sagte er.

»Widerlegt irgendwie den Spruch auf Ihrem anderen Arm, oder?«

Shorty gähnte und schloß die Augen. Dann machte er sie wieder auf und nahm einen tiefen Schluck Pearl.

»Nichts bleibt, wie es ist, Schätzchen, alles verändert sich. Oder haben Sie das etwa noch nicht herausgefunden?«

Perdita Durango und Shorty Dee saßen nebeneinander an der Bar von Dottie's Tupelo Lounge. Es war Freitagabend, der dreizehnte Dezember um acht Uhr dreißig. Im Fernsehgerät über der Bar lief das Sea World Holiday Bowl Football-Spiel zwischen Oklahoma und Wyoming.

»Wissen Sie, worauf ich am meisten abfahre?« fragte Shorty.

»Da ich Sie nicht besser kenne, was praktisch so gut wie gar nicht ist«, sagte Perdita, »wage ich es nicht, Sie zu fragen.«

»Punt-Returns.«

»Tatsächlich.«

»Yeah. Bei manchen Leuten sind es Triples. Bei mir Punt-Returns. Ich mag alle Arten von Runbacks: Kickoffs, Interceptions, Fumbles. Aber wenn sich so ein kleines Wiesel von Kerl den Ball schnappt und losdüst, das hat schon was ganz besonderes an sich.«

Shorty trank einen weiteren Schluck Bier.

»Schon lange in der Stadt?« fragte er.

»Paar Tage.«

»Und wie gefällt's Ihnen bisher?«

»Regnet, seit ich hier bin. Ist das Wetter immer so?«

»Um diese Jahreszeit schon. Vierzehn Grad und Regen ist typisch für Weihnachten.«

»Was hat Tupelo denn sonst so zu bieten?«

»Sie meinen, außer der Geburtsort von Elvis Presley zu sein?«

Perdita lachte. Mit einer Hand strich sie ihr langes, glattes schwarzes Haar zurück, mit der anderen ergriff sie ihr Glas.

»Wußte gar nicht, daß Elvis aus Mississippi stammt«, sagte sie und nippte an ihrem Bier.

»Woher kommen Sie?« fragte Shorty.

»Von da und dort. Hauptsächlich Texas.«

»Was führt Sie her?«

»Bin wohl auf der Suche nach irgendwas.«

Shorty streckte ihr die rechte Hand entgegen.

»Shorty Dee. Bin Ihnen gern behilflich, wenn ich kann.«

Sie drückte ihm die Hand.

»Perdita Durango. Freut mich, Sie kennenzulernen, Shorty. Sind Sie noch verheiratet?«

Shorty lachte. »Dachte, wir wollten miteinander ins Gespräch kommen.«

Perdita lächelte. »Okay. Was halten Sie davon, mir ein neues Bier zu spendieren?«

»Das läßt sich schon eher hören, Schätzchen«, sagte er und gab dem Barkeeper das Zeichen für eine neue Runde. »Haben Sie noch mehr peinliche Fragen auf Lager, die Sie abklären wollen?«

»Sind Sie reich?«

Der Barkeeper stellte zwei neue Flaschen vor sie hin.

Shorty lachte erneut. »Eher reichlich bestückt.«

»Das ist auch 'ne Menge wert«, sagte Perdita, »solange 'n Mensch nur genügend Freunde hat, ist er sowieso verdammt reich.«

Sie nahmen ihre neuen Bierflaschen und stießen damit an.

»Dann mal los«, sagte Shorty.

Perdita lächelte. »Ja, dann mal los.«

<u>Der Film:</u>

Perdita Durango
Spanien/Mexiko 1997

Regie: Alex de la Iglesia
Buch: Barry Gifford, Jorge Guerricaechevarría, David
Trueba, Alex de la Iglesia
Kamera: Flavio Martínez Labiano (ACE)
Schnitt: Teresa Font
Musik: Simon Boswell
Prod. Des.: José Luis Arrizabalaga »Arri«
Kostüme: María Estela Fernández, Glenn Ralston
Ton: Salvador de la Fuente, Juan Carlos Prieto
Darsteller: Rosie Pérez (*Perdita Durango*), Javier Bardem
(*Romeo Dolorosa*), Harley Cross (*Duane*),
Aimee Graham (*Estelle*), James Gandolfini (*Woody
Dumas*), Screamin' J. Hawkins (*Adolfo*)
Produzent: Andrés Vincente Gómez
Produktion: Andrés Vicente Gómez Productions for
Sogetel S. A./Lolafilms und Mirador S. A., mit Canal+,
Spanien/Sogepac S. A. und Imcine, Mexiko
World Sales: Vine International Pictures, London
Länge: 126 Min.
Format: 35 mm, 1 : 1,66, Farbe, Dolby SRD
Verleih: Advanced Film GmbH & Co. Kinoverleih KG,
München
Filmstart in Deutschland: November 1998

Starke Männer

Hollywoods neue & alte Helden

Alan G. Barbour
Humphrey Bogart
32/1

John Parker
Sean Connery
32/225

Frank Schnelle
Tom Cruise
32/192

David Dalton
James Dean
32/72

Rein A. Zondergeld
Alain Delon
32/211

Adolf Heinzlmeier
Johnny Depp
32/245

Gerald Cole
Peter Williams
Clint Eastwood
32/199

Adolf Heinzlmeier
Mel Gibson
32/240

Meinolf Zuhorst
Tom Hanks
32/229

Robert Fischer
Al Pacino
32/203

Karsten Prüßmann
Brad Pitt
32/238

Mary Thürmer
John Travolta
32/249

32/255

Heyne-Taschenbücher